自分を安売りするのは“いますぐ”やめなさい。

岡崎かつひろ

きずな出版

一生懸命がんばっているが、報われていない。
どれだけ働いても給料が上がらないし、上がる見通しもない。
起業をしたものの、高い価格で売る自信がない。

そんな思いを持っている人のために、この本を書きました。

Prologue

「セルフバーゲン」は、即刻禁止！

「いまはまだ安い給料でも、一生懸命やれば必ず報われる」

多くの人は、この言葉と「いつか来るであろう不確かな未来」を信じて、不景気の海で必死に泳いでいます。そのかたわらで、悠々自適《ゆうゆうじてき》に楽しみながら、しっかりと利益を出し続けている人も、多くはありませんが存在します。

この差はどこから生まれるのでしょうか？

結論から申し上げますと、いま安い仕事をしている人は、これからさらに苦しくなっていきます。一生懸命やればやるほど自分自身を疲弊させていき、ため息の数だけが増えていきます。

これは時代のせいもあるかもしれません。いま働いている労働環境に原因があるかもしれません。厳しい時代にあなたを生み落とした天のせいかもしれません。

周囲に理由を求めるなら、その数はいくらでも数えることができるでしょう。


しかし、その原因は、じつは「あなた自身」の中にあるのです。

「いいものをより安く」という言葉があります。これは、日本がバブル真っ最中だった時代に生まれた言葉です。まだ私たちにとって必要とされるモノが完全に出揃っていない時代、消費者の生活を、より豊かにするために生まれた言葉なのです。

しかし、モノはあふれかえり、中古やリサイクルが大手を振って歩く現代の世の中に必要な言葉は、

「**いいものをより高く売ること**」

なのです。

これはモノだけの話ではありません。

労働力、あなたが提供するサービス、つまりそれを生み出す原資である、

「自分自身」

その販売決定者であるあなた自身が、自分を安売りしていることに、未来への不安とため息の原因があるのです。

「もうこれ以上必要ないだろ」と思うくらいモノや情報があふれている時代であっても、事業経営者として、もしくはサラリーマンとして所得を得る以上、何らかのニーズに向けてサービスを起こしていかなければなりません。

たとえば、あなたがモノを買う立場で考えてみてください。

欲しいブランド品を、正規の店で高値で買ったとしましょう。

もう一方で、同じ商品を90%割引で買ったとしましょう。

どちらの商品に期待し、どちらの商品を長く大切にし、そしてどちらの商品に満足を感

じるでしょうか？

当然、前者であることは容易にご理解いただけるでしょう。

そして前者のほうが、経営的に強く、そして安定的に利益を生み出し、楽しく豊かに暮らしていけることがわかります。

同じ商品であるにもかかわらず、あとの人生を大きく変える違い、それは、

自分を高く売るか、自分を安売りするか

だけなのです。


申し遅れました、岡崎かつひろと申します。

ここまで偉そうなことを言ってきましたが、当然、私にも自分を安売りしていた時期がありました。

いまでこそ、講演会などで人前に立つ仕事もするようになりましたが、最初からいまの

ように仕事ができたわけではありません。

むしろ振り返ると失敗の連続。

大学には一浪で入り、大学に入ったあともバイトばかりで留年の危機。就職活動はまったくうまくいかず、当時まだまだ無名だったソフトバンクに拾ってもらいました（内定をもらったときに、大学の友人からは、本気で銀行だと思われていました）。

そんなところから結果的には同期で一番の出世をし、入社4年目で会社を辞め独立。起業10年で法人を3社立てるという結果まで来たわけですが、もし当時に戻って新卒からやり直すことができたなら、もっと早く大きな結果をつくれたという自信があります。

当時は不格好な仕事の仕方をし、自分を安売りしていたと反省ばかりだからです。


いまではありがたいことに、私のまわりには、自分の価値を自分でしっかりと認め、自分自身、そして自分のビジネスをしっかりと高価格で売り、スタッフや業者さんにしっかりと報酬を払い、多くの人に喜ばれている成功者がたくさんいます。

その成功者たちに、私はいつもこの質問をします。

「1万円の商品を100人に売りますか？　10万円の商品を10人に売りますか？」

私が知る成功者で、前者を答える人は、ほぼいません。

それどころか、

「岡崎くん、100万円の商品を買う1人の人を見つけるっていう選択肢はないの？」

と聞いてくる方もいます。


本書の目的は、あなたに「自分を高く売れる人になってもらうこと」です。

なぜ、これからの時代に、あなたが自分を高く売らなければいけないのか、それには3つの理由があるからです。

①　激変の時代にしっかりと保証をつけることができる存在は、自分自身だけであるため

②　社会の一員として世の中に価値を提供できる人を時代が求めるようになり、その要求速度が加速しているため

③　しっかりと自分の望む未来を実現させていくため

最終的に、あなたの人生の価値を決めるのはあなた自身です。

あなたが自分自身をどのような人間と捉え、安売りを善とする人から自分の身を守り、あなたの価値をしっかりと認めてくれる人と出会うかが、成功のカギになります。

以上の理由から、本書では、

「どうしたら最も無駄がなく、いち早く結果を出し、自分の価値を高めていくことができるのか？」


この一点に目的を絞り込んでお伝えしていきます。

さあ、あなた自身の価値を見つけ、自分をブランド化し、高く売る方法を身につけていきましょう。

本書のテーマは、「セルフバーゲン即刻禁止」です。

自分の安売りを、いますぐやめましょう。自分を安売りする人は「いい人」ではなく、「安い人」になるだけだと知りましょう。

では、この本を舞台に、安売り業界からのあなただけの卒業式をはじめます。

Prologue ―「セルフバーゲン」は、即刻禁止！ 003

Chapter1▼

なぜ、いま「自分を高く売る」必要があるのか？

Chapter2▼

人を惹きつける「魅力」を身につける方法

Chapter3 ▶ まわりからの「評価が上がる」仕事術

Chapter 4

「応援される人」のコミュニケーション術

Chapter 5

「ビジョン」の描き方で、あなたの値段は変わる

ブックデザイン　池上幸一
協力　永松茂久

自分を安売りするのは〝いますぐ〟やめなさい。

Chapter1

なぜ、いま
「自分を高く売る」
必要があるのか？

時代は、驚くようなスピードで変化し続けている

はじまりは社会人3年目の終わり、26歳のときでした。

毎月100時間の残業をこなす日々。

当時は企画の仕事をし、仕事にやりがいを感じ、それほど不満があったわけではありませんでした。

しかし、ふとした疑問が起こりました。

「一生懸命がんばっている割に、報われていないのでは？」

同世代と変わらない程度の収入はあり、やりがいのある仕事についている。職場の人間関係が悪いわけでもない。

でも本当に「このままでいい」と、太鼓判《たいこばん》を押せるほどの自信もない……。

「普通」という名前のついたレールの上を歩く人生。

会社の先輩を見ると自分がどうなるかがわかるものです。

給料日前にはいつもお金がないと言っている先輩、やりがいを感じるわけでもなく家族のために働く上司……不満を言いながらも渋々やっている、と感じる人のほうが圧倒的に多かったのです。

もちろん尊敬できる人がまったくいなかったわけではありません。なかには同じように仕事ができるようになれたら……と尊敬している先輩や上司もいました。

ただ、問題は「尊敬＝同じようになりたい」とは限らないということです。

「この人のようになりたい」と思える人がいませんでした。

振り返ってみると学生のときが一番楽しかった人生。

あのころが一番燃えていてやりたいことがあり、将来に期待を膨らませていた。

しかし社会人になって数年たち、学生時代のようなやる気もなく、口癖は「人生はあきらめが肝心だよ」なんていう始末。

社会に出ればドラマのような世界が待っていると信じていたものは、気づけばどこかに消えてしまっていたのです。

なぜこんなことになってしまったのでしょうか？

それは「**時代が変わった**」からです。

「バブル」と言われた時代がありました。

当時は大手の会社で働くことが成功する一番の近道。退職金に数千万円が当たり前に出る時代。土地神話があり、土地を買えば必ず儲かると言われ、銀行からお金を借りて土地を買う人がたくさんいました。

そして銀行は大手企業に勤める人ほどお金を貸してくれていたので、いい大学に入って、大手企業に勤めて、土地を買うと成功するという方程式が成り立ったのです。

では、いまの時代はどうでしょう？

残念ながら土地神話は崩れました。

給料も上がり続ける時代ではありません。

時代は驚くようなスピードで変化しています。

しかし、それでも表面的な常識だけは残っているわけです。

「いい大学に入って、大手企業に入りなさい」

残念ながら、このアドバイスはすでに時代遅れになってしまったのです。

自分を高く売る方法 01

時代遅れのアドバイスは無視する

ゲームが変われば、当然ルールも変わる

サッカーにラグビーのルールを持ち込んだらどうなるでしょう?

サッカーボールを片手にフォワードが走り出す……ちょっと面白い光景ですが、これではゲームになりません。

当然ですが、ゲームが変わったらルールも変える必要があります。

いま、世の中のゲーム(仕組み)は変わり続けています。

- **年功序列の世の中が、成果主義の世の中に変わった**
- **大手に入ればうまくいった世の中が、会社の規模では決まらない世の中に変わった**
- **土地を買えば必ず高く売れた世の中が、土地はギャンブルの世の中に変わった**
- **1億総中流の世の中が、格差社会の世の中に変わった**
- **大家族が当たり前の世の中が、核家族の世の中に変わった**
- **高学歴が成功の条件だった世の中が、学歴では人生が決まらない世の中に変わった**

ほかにもあげたらキリがありませんが、確実に世の中のゲームは変わったのです。

問題は、ルールが変わったことに気づいている人が少ないということです。

たとえば、長く勤めれば給料は上がっていくと思っている人がいますが、これは大きな間違いです。いまの時代は残念ながら長く勤めても、それだけが理由で給料が上がることはありません。

大事なことは長く勤めているかどうかよりも、価値がある仕事をしているかどうかです。

同じルーティンワークをこなしていても価値は高まらず、給料も上がらないのです。

それはまるで中古車を買うようなものです。

10年間、大切に乗った普通車を、「大切に乗っているので、高く買ってください！」と言われて、買値100万円の中古普通車を150万円で買うでしょうか？

そんな馬鹿げた買い物をする人はいないはずです。

しかし、これがクラシックカーならどうでしょう。

たとえば「ミニクーパー」という車がありますが、これは古くなればなるほど高値で売買されています。クラシックカーは年々価値を高めているのです。

同じ車でも、価値を高めているものは高値で売られ、高めていないものは安く売られてしまいます。

会社は労働力を買っているわけですが、価値に応じた報酬を支払いたいと当然思います。価値が上がってないのに「給料だけ上げてくれ」というのは土台無理な話なのです。

昔それができたのは、労働力が足らず、とにかく長く働くことが企業にとって価値があったからにすぎません。

いまはそんな時代ではないのです。

これからの時代、もし収入を上げたいと思うなら、自分の価値を高めて、あなたがクラシックカーにならなければなりません。

あなたは、いくらで自分を売りたいですか？

自分を高く売る方法 02

クラシックカーになれ

目標年収が1000万円以下の人は「わがまま」である

質問です。

今日、もしくは明日の夕飯は何を食べる予定ですか？

牛丼、ラーメン、居酒屋、コンビニなど、いろいろありますね。

ここであなたの前に大金持ちが現れます。

「君の好きなものをなんでもおごるから、一緒にご飯でも行こうよ」

さて、それならあなたは何を食べたいですか？

ステーキ、すき焼き、ホテルのディナーなど。

もしもこの大金持ちの言葉を受けて、食べたいものが変わったとしたら、それはどういうことでしょうか？

前者で気にしたのは自分の財布事情かもしれません。条件付きで食べたいものです。

しかし、後者に選んだのは財布ではなく本当に食べたいものではないでしょうか？

ここで見えるのは「本当に欲しいものは、条件を外してみて、初めてわかるものである」ということです。

さて、ここでやってみてほしいことがあります。

あなたの欲しい年収を紙に書いてみてください。

いくらと書きますか？　もしあなたの書いた年収が1000万円くらいだったとしたら、あなたはかなり「わがまま」です。

もう一度書き直すチャンスを差し上げます。いくらと書き直しますか？

もし書いた年収を下げたとしたら、あなたはもっとわがままです。

意味不明と思われるかもしれませんが、わがままなのです。

なぜかといえば、1000万円くらいの年収で得られる幸せは、あなただけの幸せだからです。ちょっと旅行に行ければいいとか、美味しいものが食べられればいいとか、少しの貯金で満足していたり、など。

もしもあなたの親、兄弟、子どもまで幸せにしたいと思ったら、その金額では足りないはず。いや、もっと大きく世の中に貢献したいと思ったら、間違いなく足りません。

あなたがあなたの幸せしか考えていないから、その金額で満足できるということです。

ほかの人の幸せまで本気で考えたら、少ない収入で満足できるはずがありません。自分の幸せしか考えていないから、わがままなのです。

「お金を稼ぐこと＝悪」という概念を持っている人が多くいます。それは、もしかしたらテレビやメディアの洗脳かもしれません。

当然ですが、そんなことはありません。人の役に立っていなければお金を稼ぐということはできません。できたとしても一時的なもので、長期的な繁栄はあり得ないのです。

もし長期的に稼ぐのなら、

「お金を稼ぐこと＝社会の貢献度」

「社会の貢献度＝自分の価値」

と考えるべきです。収入は健全に努力した証なのです。

だから「本当はいくら稼ぎたいのか」に正直になることはとてもいいことなのです。

さあ、もう一度聞きます。

「本当は、どれだけ稼げる自分になりたいですか？」

自分を高く売る方法 03

「いくら稼ぎたいか」に正直になる

自分を高く売れる人は、稼ぐ仕組みと長期的視野を持っている

私が「本当にこのままでいいのか」と悩んだ理由はいくつかあります。

そのひとつがお金に関わる問題です。

会社で3年間一生懸命に働いていたわけですが、見事に貯金がない。

それどころか25日に給料をもらうと、27日のカードの支払いでほとんど残高は0円！

別に計算したわけではないですが、本当に見事なまでに0でした。


パーキンソンの法則というものがあります。

「使うお金の量は、与えられたお金の分だけ膨張する」という法則です。

私たちは、20万円なら20万円で、50万円なら50万円で、１００万円なら１００万円で生活してしまうのです。

つまり、お金についてしっかりと考えずに生きている人は、どんなに稼いでも、いつまでも貧乏のままになるわけです。

当時の私は、お金について何も考えずに生きてしまっていたということです。

お金についての勉強は学校の授業にもなく、親からも教えてもらっていません。

たとえばあなたは、自分がいくら税金を払っているかご存じでしょうか？

約3割が税金で持っていかれています。つまり年間のうち、1～4月までは、税金を払うために働いていると言ってもいいわけです。

そして税金を支払った残りから、消費税まで支払っています。

実質的に二重で税金を支払う仕組みになっているのです。

ほかにも、年金はいつからいくら出るのでしょう？

２０１７年現在で65歳からの受給ですが、基礎年金で月平均５５１５７円です（厚生年金保険・国民年金事業の概況　参照）。

もちろん支払っている金額の多寡《たか》にもよりますが、この金額で、どうやって生活していくのでしょうか。

しかも以前は60歳で支給されていたものが、いまは65歳です。

今後もっと年齢が引き上げられる可能性も十分あります。

そこで「よし、それじゃあ貯金をしよう！」と決めたとします。

毎月いくら貯められますか？

毎月5万円貯めて年間で60万円。

30年継続して1800万円。

仮に老後20年でそれを消費すると、年間90万円利用可能ですが、月に換算するとたったの7500円。

これでは最低限の生活でせいぜいなわけです。

真面目にただ働いて目の前の仕事をこなしていても、最後に人生を清算したら何も残っていない、場合によっては負債が残って終了という可能性すらあるのです。

だから考えて働かなければなりません。

「能力は努力の差で決まり、結果・成果は仕組みの差で決まる」

という言葉があります。

がんばれば必ず、どの分野でも能力をつけることは可能です。

だから、「いまできることかどうか」はまったく気にする必要はありません。

むしろ人生ではできないことばかりです。

あなたがいまできることも、元を辿ればできなかったことのはずです。

でも、いまはできるようになっている。

人間には、できないことをできるようにする能力が備わっています。

しかし問題は、**「がんばれば必ず、理想の結果が得られるというものではない」**ということです。

ソフトバンクの孫正義さんはなぜ、あんなに稼いでいるのでしょうか？

答えは簡単です、社長だからです。

もし彼がコンビニでバイトをしたとします。

ソフトバンクの社長だから時給で１００万円くれと言っても、もらえません。

コンビニのバイトはあくまでコンビニのバイトなので、多くても時給１０００円くらいになるわけです。

つまり、**仕組みが違えば、得られる結果も変わる**ということです。

だから自分を高く売るためには、ただがんばるのではなく、がんばり方を考えなければなりません。

さらに、自分を高く売るということは、何も収入を上げるだけの話ではありません。

効果的なお金の使い方を学ぶことも含みます。
そうしなければ、ただの成金《なりきん》にすぎないからです。
成金に一時の成功はあっても長期の成功はありません。
まとめると、自分を高く売るということは、

・まわりからの評価を上げて
・自己価値を高めて
・収入を上げて
・効果的なお金の使い方をする

ということなのです。
長期的な成功をしてこそ、「自分を高く売った」と言えるのです。

自分を高く売る方法 04

真面目に働く〝だけ〟では何も残らない

どんな結果をつくりたい?

いま、東京にいるとします。

これから大阪に行く必要があるとしたら、どうやって行きますか？

新幹線で行く人、飛行機で行く人、深夜バスや車で行くという人もいると思います。

次に料理をするとしたらどうでしょう？

肉じゃがをつくると決めて、ジャガイモを切ったり、お肉を下ごしらえするはずです。

行き先を決めずに乗り物に乗ったり、料理を決めずに材料を切る人はいないはず。

それと一緒で、人生で結果をつくる人は、必ず結果を決めてから原因づくりをしています。まずどんな結果をつくるかが先なのです。

私の友人でバカな男がいます。タクシーに乗ったときに運転手さんに「どこに行きますか？」と聞かれて、「運転手さんはどうしたいですか？」と。

行き先を告げずにタクシーに乗っても、どこにも連れていってもらえません。

では、人生はどうでしょう？

多くの人は大学受験がゴール、就職活動や資格取得がゴール、となっています。大手企業に入れば一生困らないと思っています。大学が人生を変えてくれると思っています。

残念ながら、一流大学に入った人が必ず成功するわけではありません。

同じ大学に入って成功していく人もいれば、大学受験が人生のピークで終わってしまう人もいます。大手企業に入ってもそうです。私がいた会社でも、同じ研修を受けて、同じ仕事をしても、成果を出す人もいれば出せない人もいます。

有名なレンガ積みの職人の話があります。

あなたが道を歩いているとレンガを積む職人がいます。

その人に、何をしているんですか？　と聞くと、

「見ての通りレンガを積んでいるんだ。毎日暑いし、レンガは重い。でも仕事だからしないとしょうがない」

と答えます。また別の職人に聞きます。

「俺は教会をつくっているんだ。そりゃあ、毎日暑いし、レンガは重い。でも教会ができれば家族も仲間もみんなが喜ぶ。それを思ったらやりがいがある最高の仕事だよ」

と答えました。

2人の職人がしていることは一緒です。しかし見ているところが違います。

1人は目の前のレンガを積むということ、もう1人は教会を建てて人の役に立つこと。

当然ですが、やりがいも違いますし周囲からの評価も違います。

目の前のレンガを積んでいるだけの人よりも、教会を建てて人の役に立とうという人のほうが、もちろん評価は高くなります。

目の前の作業に追われるだけならただの作業員で終わります。それでは誰からも評価されません。逆にまわりから高く評価されている人は必ずビジョンがあります。

いままでの時代なら、結果を考えずにただ働くだけでも豊かになることができました。

なぜなら会社や社会がゴールを決めてくれていたからです。

しかし会社や社会がゴールを見失っているここからの時代は、自分でゴールを決めることが必須になります。

あなたはいま、どこに向かっていますか？

自分を高く売る方法 05

結果を決めてから、原因をつくる

もはや、最高の人生は自由に選べる

悪くない人生と、最高の人生は違います。

「勝っていること」と「負けていないこと」が違うように、悪くない人生と最高の人生は違うのです。

たとえば、あなたのつき合っている人に聞いてみます。

「私のことどう思う？」

すると、

「悪くないよ」

と返ってきたとします。

いかがでしょうか？

「え！　悪くない、なの!?」

と、ショックではないですか？　それと一緒です。

自分だけの特別な人生なのに、悪くないという人生で本当にいいのでしょうか。

会社は自分の人生を保証してくれません。

いまは自分の人生に、自分で保証をつけていく時代です。

もちろん、最低限目の前のことをこなしてさえいれば、悪くない人生を歩むことができるかもしれません。

不景気と言われる時代ではありますが、仕事がないかといえば、そんなことはありません。やりたいやりたくないは別にしても、コンビニのバイトならいつでも募集していますし、求人広告を見ればいろいろな仕事が人を募集しているのです。

つまり、仕事がないのではなく、やりたい仕事がないだけ。食べていくだけでよければ働くことは誰にだってできます。

何のために人は働くのでしょう？　食べるためですか？　生活するためですか？　遊ぶためですか？　子育てのためですか？

どれも違います。

「自己実現」のために働いてこそ、人間の価値が上がるのです。

- **自由のために**
- **勇気ある生き方のために**
- **人を愛するために**

・挑戦するために

これからは、全員が自己実現のために生きていい時代です。インターネットで世界は瞬時につながり、世界中どこにいても仕事ができ、誰とでも情報交換をし、自由に自己表現していい時代。

働き方だっていくらでも選べます。

つまり、あなたが本気で望めばどんなことでもやることができるのです。私たちはいま、自分でレールを敷いていい時代を生きているのです。

この最高の時代に生きて、最高の人生を選択しないのはもったいないと思いませんか？

最高の人生を生きるには、自分を安売りしている場合ではありません。

自分を高く売る方法 06

自分を制限しているリミッターを外す

Chapter2

人を惹きつける「魅力」を身につける方法

ポケットには
モノを入れない

「人は見た目ではない」と、多くの人が声高に言います。
では質問です。
仮に、あなたがお腹を壊して道で座っていたとします。そこに人が通りかかります。
ボロボロの服を着た老人が、
「大丈夫かい？　この薬を飲むといい」
と白い錠剤を渡してきました。
飲みますか？
おそらく飲まないでしょう。怖いですよね、一体なんの薬かわかりません。
続いて、もう1人現れました。
白衣を着ています。おそらくドクターです。
見た目もしっかりしていて、なんとなく安心感があります。
「大丈夫ですか？　この薬を飲むといいですよ」
と白い錠剤を渡してきました。
おそらく、こちらなら飲むのではないでしょうか？

もしかすると前者もしっかりとした薬かもしれません。

しかし、見た目が汚いと安心して飲むことはできません。

何が言いたいかと言うと、人は見た目がすべてではないですが、見た目が入り口であるということです。

見た目を整えることは、人生を大きく左右するくらい大事なことなのです。

たとえば、猫背でいるだけで、なんとなく卑屈《ひくつ》そうに見えてしまうものです（ちなみに一番美しい姿勢は、つむじのところを引っ張りあげられているような感じで、軽く顎《あご》を引いてまっすぐに立っている姿勢です。意識するだけで必ず身につくので、試してみましょう）。

何も派手な格好をしろということではありません。大事なことは清潔感とスマートさです。オシャレは自分のためにするものではなく、一緒にいる人のためにするものです。

駆け出しのあなたなら、個性よりも清潔感で勝負しましょう。

靴は磨いていますか？　シャツの襟元は？　爪は切っていますか？

男性は髪型を気にかけましょう。整髪することは男性のマナーです。額を隠した髪型は

自分を高く売る方法 07

見た目は清潔に、カッコよく、美しく

自信がなさそうに見えますし、耳が隠れていると話を聞いていないように見えます。

また、ひげを生やしている人は、最低限整えるようにしましょう。ただし、どちらにしても一般的にひげはいい印象を与えません。

女性なら髪を綺麗な状態に保つだけで、まわりの印象はまったく変わるはずです。

ちなみに、スーツもポケットにモノを入れていたら台なしです。

型が崩れて美しくありません。

高級スーツの仕立てをしに行ったときに、

「ポケットは飾りなので、使えないように留めておきましょう」

と言われました。

ポケットはモノを入れる場所ではなく、あくまで飾りなのです。もし入れるならカード1枚や鍵1本程度にしましょう。

失敗経験を積むほど、あなたの価値は上がる

未熟なうちの特権は、失敗が許されるということです。

そして失敗にこそ、あなたを輝かせるチャンスが詰まっています。

あなた自身の経験を思い出してみてください。

本当に役に立つことは、どんなときに学びましたか？

最近では鉛筆削りができない子どもが多いそうです。怪我をしないように、鉛筆削りはさせないとのこと。これはとてももったいないことです。もしあなたが鉛筆削りをしたことがあるなら（もしくは彫刻刀などで木を削ったことがあるなら）、一度や二度、指を切ってしまったことがあるのではないでしょうか？

人は経験から学びます。

「刃物は痛いもので、ちゃんと扱わないと危険だ！」

「自分が痛いなら、当然人に向けたら同じように痛い」

「だから人に向けてはいけない」

指を切るという経験から、刃物を人に向けてはいけないということを学んだはずです。

ほかにもたくさんあるはずです。

・約束を破って友人をなくしてしまった
・嘘をついて人から嫌われてしまった
・言わなくていい一言で、大事な契約を逃してしまった
・酒に酔って大事なモノをなくしてしまった
……など。そういった経験を通してあなたは学んできたはずなのです。

これからだって一緒です。失敗を通して学んでいきます。

「成功の反対は失敗ではない。失敗を恐れて何もしないことだ」という言葉があります。そして、「成功者は失敗しなかった人ではなく、誰よりも失敗をし、学んだ人」とも言います。

じつは成功という山を拡大してみると、失敗という石ころの集まりでできているのです。

そしてその失敗の積み重ねが、あなたの魅力になります。

宝くじが当たって億万長者になった人にはそれほど魅力を感じません。宝くじが当たった人の講演会を聞きに行こう！　とは、まずならないでしょう。

なぜなら、そこに何も経験がないからです。

成功者と言われる人の講演会に行ったときに聞いた話が、こんな話だったらどうでしょ

うか？

「私は一度も失敗したことがなく、不安や恐怖も感じたことがない。普通に努力していたら当たり前のように成功していた。だからあなたもがんばりなさい！」

面白くもなんともないですよね。

人は人の失敗体験に興味を惹かれます。

失敗を笑い話にできたら最高だと思いませんか？

魅力のある人は経験を語り、魅力のない人は知識を語ります。

とくに成功体験よりも失敗体験のほうが面白かったり、勇気をもらえたりします。

あなたが積み重ねた失敗という経験が、必ずあなたを魅力的に成長させ、人に勇気を与えるネタになります。

失敗が許されるうちに、たくさん失敗を積み重ねましょう。

自分を高く売る方法 08

どんどん失敗しよう

魅力のある人が大切にしている3つのこと

魅力のある人が、共通して大切にしている3つのことがあります。

まずはこれを意識するだけでも、あなたは魅力のある人に大きく近づくはずです。

ひとつずつ見ていきましょう。

① 言い訳をしない

どんなに立派な言い訳も、言い訳は言い訳です。

結局のところ、どんなに優れた言い訳を述べても、はたから見たら単なる言い訳だとわかってしまいます。はっきり言って無駄です。それならまだユーモアがある言い訳で笑いをとったほうがマシでしょう。

ある遅刻常習犯の友人ですが、「持病の仮病《けびょう》が悪化しまして」と言っていて、さすがに笑ってしまいました（まったく評価はできませんが）。

誰にだってミスはあるものです。素直に謝ってしまえば済みます。

むしろ隠したり言い訳したほうが、あとを引いてうまくいきません。

大事なことは、二度と同じ失敗を繰り返さないということです。

一番の問題は、失敗をすることではなく、同じ失敗を繰り返すことなのです。

「失敗しやすいことリスト」をつけましょう。

仕事をはじめる前にいつもそのリストを見返して、「よし、このことに気をつけて仕事しよう！」と、ふんどしを締めなおしましょう。

「何とかなるさ」では何ともならないのです。

② 人のせいにしない

言い訳にも近いところがありますが、かなりの人がやりがちです。

そしてそういう人に限ってすぐ拗《す》ねたり、泣いたり、ごまかしたりするわけです。

たとえば、

- 上司のせいで、仕事がうまくいかない
- 取引先が決めてくれないから、売上が上がらない
- あの人が悪口を言うから、自分もあの人が嫌い

など。

本当にそうでしょうか？

上司を動かす努力はどれだけしたのでしょうか？

取引先が決めたくなるだけの情報提供をしたのでしょうか？

悪口を言われる自分にだって問題があるのではないでしょうか？

センシティブな話ではありますが、イジメの問題があります。

はたしてイジメとは誰が悪いのでしょうか？

「イジメている人が悪い」と言う人もいるでしょう。もちろんそうです。イジメなんてしなければいいのです。

「イジメられている人にだって問題がある」と言う人もいます。一理あるでしょう。変に暗かったり、気遣いがなかったりする場合もあるのは確かです。

でもここでの答えは、「全員悪い」です。まわりで見ていた人も悪いのです。

イジメを許容する環境をつくってしまった一因が、その人にもあるのです。

そう思えばあなたにだって、何かできることがあったのでは？

電車が5分遅れて遅刻の理由にする人がいます。

「電車が遅れたから遅刻しました」

本当にそうでしょうか？　そもそも魅力ある人は、そんなギリギリな行動計画を立てません。数分の電車の遅延くらいで遅刻が許されると思っている意識の低さが問題なのです。人のせいにしなければ、いくらでも改善点が見つかるはずです。

・上司に催促のメールをすればよかった
・別の言い方をすればよかった
・資料の準備をもっとしておけばよかった
・相手を知る努力をもっとすればよかった
・あと10分早く動けばよかった

など。魅力ある自分になるために、人（環境）のせいにせず自分に矢印を向けましょう。

③ 人に華を持たせる

じつは私は学生時代に麻雀《マージャン》のプロになりたくて、浪人中にプロ雀士のお店で働いていました。しかもそのお店は、いわゆるトッププロのお店でした。

あるとき、そのトッププロに聞きました。

「麻雀で強くなるためには、どうしたらいいですか？」

「それは、勝っているときは運がよかった。負けたときは自分のせいだと思うこと。そして、どちらにしても、勝った理由も負けた理由も考えることだね」

と、言われました。

この「勝ったときは運がよく、負けたときは自分のせい」という考え方が大事です。

とくにビジネスの世界でありがちなのは、「勝っているときは自分のおかげ、負けているときは人のせい」という考え方です。

「うちの会社がうまくいかないのは、社員ががんばらないせいだ！」なんて言う社長に、ついていきたくないですよね。

たしかに「俺のおかげでうまくいっているんだ！」と言いたい気持ちはわかります。

しかしそれでは魅力のある人にはなれません。

よく考えてみてください。

あなたの活躍の陰で、いろいろな人が動いてくれていたのでは？

だから、何でうまくいったんですか？　と人に聞かれることがあったら、「〇〇さんや△△さんのおかげで」と、人を立てることが大事です。

そうやって人を立てている人を見ると、「この人って、人間ができているな」と結果的に自分が立てられることになります。

私には大師匠と言える方がいます。

その方は不動産で大成功されています。

物件を建てている最中に、一緒に見学に行ったときのことです。

「棟梁《とうりょう》の仕事って本当にすごいな〜。私の想像以上ですよ。本当にすごい。感謝しかありません」と言って、師匠はその場を離れました。

私は仕事の用事があったので、そのままそこに残っていたのですが、それを言われた棟梁が、「あんだけ言われたら、いい仕事しなくちゃならないよな」と、顔をほころばせながら独り言を言っていました。

うまくいかない人に限って、

「棟梁ね、いい仕事してくださいよ！　期待していますからね！」

などと言ってしまいます。

だから言われたほうもヘソを曲げて、

「そんなの当たり前だろ！　いちいち言ってくるな！」

となってしまうわけです。

人を立てている人が、まわりから立てられます。

とくにうまくいっているときにこそ、まわりに感謝し、まわりを立てましょう。

「実《みの》るほど頭《こうべ》を垂れる稲穂かな」という言葉もあるように、結果が実れば実るほど、謙虚にまわりを立てるようにすることが大切です。

自分を高く売る方法 09

言い訳をせず、人のせいにせず、華を持たせる

うんこにならずに
花になる

魅力のある人と、魅力のない人の大きな違いとは何でしょう？

たとえば、どんなにすごい資格を持っていても、まったく魅力のない人がいます。

「俺、弁護士の資格あるんだぜ！」みたいな人です。

たしかに資格はすごいですが、資格はあくまでその人の一部でしかありません。

ブランド物で身を固めた人でも、嫌味で一緒にいたいと思えない人もいれば、別に華美な服装をしているわけではないですが、魅力的な人もいます。

本当のお金持ちや成功者は、案外ブランド物を持たなかったり、持っていてもわざわざ見せびらかしたりしません。

ちなみに私の大師匠はいつもジャージ姿でした。

「だって、服なんて布だし、車は鉄の塊でしょ」

と言っていました。

もちろんＴＰＯはあって、服装に気を使ったほうがいいときにはきちんとしていますが、成功している人ほど、モノに頼ってないのです。

「花には蝶《ちょう》が集まり、うんこにはハエが集まる」という言葉があります。

うんこをどんなに飾っても、うんこはうんこです。

せいぜい集まるのはハエ止まりです。

これと一緒で、一生懸命、資格やブランド物で着飾っても、あなたが変わらなければ、残念ながら何も変わりません。


魅力とは「何を与えているか」ということです。


たとえば、「1万円あげるから一緒にいて」と言われたら、よっぽど変な人でなければ一緒にいるくらいはいいと思いませんか？

人は現金な生き物です。

メリットがあるほうに動きます。

逆に、「一緒にいてあげる代わりに1万円ちょうだい」と言われたらどうでしょう？

よっぽどの美人や美男ならいいかもしれないですが、それでもはっきり言って面倒臭いと思いませんか？

一緒に飲みに行こうよと誘って、「おごってくれるなら」と言う人と、一緒に飲みたいと私は思えません。

「〇〇してくれるなら」と、いつもしてもらうことばかり考えている人のことを「くれくれちゃん」と呼びます。

ネットの世界でもタダで情報を欲しがる人を「くれくれちゃん」というわけですが、現実世界の「くれくれちゃん」は、何にでもいちいち「くれくれ」と言って、欲しがってばかりいるのです。

「誰か教えてくれ〜」

「誰かお金くれ〜」

「誰かわかってくれ〜」

「誰か話を聞いてくれ〜」

「誰か愛してくれ〜」

……なんかゾンビみたいです。ゾンビからは逃げたくなるのと一緒で、欲しがる人からはみんな逃げていきます。

与える者に人は集まり、欲しがる者から人は離れます。

人生最後に残るのは、集めたものではなく、与えたものです。

人生は究極の〝先出しジャンケン〟なのです。

負けてもいいから先に出しまくると、必ずあとから大きくプラスになって返ってきます。

あなただって、いつも助けてくれる人のことを悪くは扱えないはずです。

「自分に何か手伝えることはないか？」

「まわりが元気になってもらえるように、まず自分が元気に過ごそう！」

「理解してもらうことよりも、まず自分から理解しにいこう」

「話を聞いてもらうことよりも、自分から話を聞いていこう」

「愛されることよりも自分が愛していこう！」

どうですか？

与えていこうとすると、必ず矢印が自分に向かいます。

こういう人は魅力的です。

- **魅力のない人→Take &Take**
- **普通の人→Give &Take**
- **魅力のある人→Give & Give**

さらに上に行くと「**Give & Be given**」と言います。

不思議なもので、与えて与えて与え続けると、「与えよう!」なんてしてなくても、一緒にいるだけで与えられるような人になります。

野球のイチロー選手を想像するとわかりやすいでしょう。

テレビに出て、何気ない会話をしているのを見るだけでも「イチローさんってすごいな、僕ももっとがんばろう」と思わされます。

「Give & Be given」の領域は、卓越した人のステージなので、まずは「くれくれちゃん」ゾンビを卒業して、自分から与えていく人になりましょう。

自分を高く売る方法 10

先に与える人になる

「やりたいこと」より、「やる価値があること」をやる

「やりたいことをやりたい！」と言う人が多いですが、あなたのやりたいことは一体どんなことですか？

・親孝行したい
・社会に貢献したい
・人の役に立つ仕事がしたい
・認められる自分になりたい

など、多くの人は、いいことを言います。

おそらくこれらは、やりたいと思っていることであるのは間違いないでしょう。

しかし問題は、「実際いまやりたいことかどうか」は別だということです。

親孝行したいなら、大きなことはできなくても、毎日電話の一本からでもしてみたらいいのです。社会貢献したいなら、ゴミ拾いからでもしてみたらいいのです。人の役に立つ仕事がしたいなら、目の前の仕事を一生懸命がんばればいいでしょうし、そうすれば必ずまわりから認められます。

もしすでにやっていたら、「〇〇したい」などと言っていないはず。

要は、やっていないから「〇〇したい」と言っているのです。

やりたいならやったらいいわけですが、やっていない現実。

将来やりたいと思っていても、いま自分の時間を犠牲にしてまではやりたいと思っていない、ということなのです。

つまり、いま本当にやりたいことは、言っていることではなく、やっていることを見ればわかります。

この1ヵ月間を振り返ってどんな過ごし方をしましたか？

とくに大事なのは、会社などで拘束されている時間ではなく、拘束されていない時間に何をしていたかです。

自由に過ごせるときほど、あなたの本音が出ます。

魅力的な人ほど、やりたいか・やりたくないかで物事を選択していません。

そもそも、どんなにやりたいと思っていることでも、必ずやりたくないことも含まれているはずです。

たとえば、サッカーをしたい人がいます。

試合はきっと面白いでしょうが、グラウンド整備や道具の手入れ、走り込みまで好きな人は少ないでしょう。でも「サッカーの試合をしたい！　そして可能なら勝ちたい！」と思ったら、やりたくないことまでやる必要が出てきます。

やりたいか・やりたくないかの問題ではなく、やる価値があるか・やる価値がないかの問題になるはずです。

これは人生でも一緒です。

やりたいことをやるためには、「やりたくはないけど、やる価値があること」をやる必要があります。

魅力的な人は、いつもやる価値があるかないかで物事を見ているのです。

イチロー選手のドキュメンタリーを見ていたときのことです。なんとイチロー選手の朝食は毎日カレー。欠かさず同じものを食べて試合に行くそうです。

その理由を語っていましたが、「言い訳をなくすため」と言っていました。

毎日同じセットアップをして、最高のコンディションを整えるのがプロの仕事であり、些細なことでも言い訳をしないようにしているわけです。

「今日はナマモノを食べたから調子が悪い」といったように。

でも普通に考えたら、毎日同じものを食べるのは、やりたいことだとは思えません。

もちろんいまとなっては習慣となり、苦痛でもないかもしれませんが、普通の人なら、「え！　今日もカレーですか？」となるのではないでしょうか。

私がオーナーを務めるお店で、社長をやってくれている人がいます。

彼はボディビルの大会で1位になったことがあり、それなりの年齢ですが、いまだに腹筋は6パックに割れています。

彼の食事を見ているとタンパク質メインで、ご飯などはほとんど食べません。「筋肉になりそうなものが好きなので」と言っていました。

美味しいものが好きなのではなく、筋肉になりそうなものが好き。そこまでいったら本物だと思います。

魅力のある人は必ずゴールに燃えています。

少なくとも福利厚生や給料という目の前の小さなことに振り回されていないはずです。

ほとんどの人は食べたいものを食べます。

でもダイエットに成功する人は、食べる価値があるものを食べます。

食べたいものがダイエットに効果的（価値がある）なものとは限らないのです。

人生も一緒です。

やりたいことをやるのではなく、やる価値があることをやる必要があるのです。

その道を極めている一流の人たちは皆、やる価値があることに集中しているはずです。

「やりたいことをやりたい」というステージを卒業して、やる価値があることをしていきましょう。

自分を高く売る方法 11

やりたいか、やりたくないかは、どうでもいい。結果にコミットせよ

まわりからの「評価が上がる」仕事術

メールは3秒で返信に取りかかる

「優先順位をつけて仕事をしなさい」と、言われたことはありませんか？

私も社会人1年目のときに先輩から言われ、当時はメールの仕分けからはじめたものです。大事な人からのメール、プロジェクトごとのメール、取引先からのメール、仲間からのメール、飲み会のお誘いメールなど。

さて、メールの仕分けをするとどんなことが起こるでしょう。見たいメールは見て、見たくないメールは見ずにたまっていく、という現実があるのではないでしょうか？

これから成果をつくっていこうという人に、見なくていいメールや、しなくていい仕事はありません。

仕分けして、優先順位をつけて……と考えている時間がそもそも無駄です。

もちろん、どうしても仕分けしておかなければならないメールもあるでしょう。でも、それはせいぜい1～2個くらいのはずです。

もしそれ以上にあるなら、単に自分で仕事を複雑にしているだけです。

まずは件名だけ見て、急ぎのメールを先に片付けたら、あとは来た順に終わらせていくのが一番早いです。3秒で返信に取りかかるイメージです。

仕事量は、先延ばしした分だけ膨張するということを覚えておいてください。

営業の訪問のお礼メールを送るとしましょう。

訪問した直後なら、

「先ほどはありがとうございました！　追ってお話しした内容をまとめて送らせていただきますが、取り急ぎお礼だけ伝えさせていただきます。今後とも宜しくお願いします」

となります。

これが1日経つと、

「昨日はありがとうございました。お礼が遅くなり申しわけございません。〇〇のお話についてとても勉強になりました。早速実践させていただきます。またお話しした内容につきましては、改めて送らせていただきます。今後とも宜しくお願いします」

さらに1週間も経ったなら謝罪にはじまり、ああでもない、こうでもないと遅れた言い訳が続くわけです。

面倒なことほどすぐやればすぐ終わります。「思い立ったが吉日」といいますが、「思い立ったら吉スグ」です。すぐにやってください、いますぐです。

それだけでかなり印象がよくなりますし、仕事も早くなるはずです。

ちなみに私には毎日300～500通ほどのメールが来ますが、基本的には1～2時間ほどですべて処理が終わります。もちろんすぐには回答できないものもあります。

その場ですぐに処理できないものは、自分に再送してあとでじっくり考えます。

基本ルールは「見たメールはその場ですぐに処理をする」です。

結果的にこれが一番早くて無駄がありません。

もちろんこれはメールだけの話ではありません。

たとえば資料作成の依頼があったとします。

力をつけて役職にでもつけば話は別ですが、基本的に来たものはすべて自分でやるべきです。頼まれごとは試されごとです。あなたの力を試されています。

間違っても来た依頼に、「でも、だって、たら、れば」と言わないでください。はっきりいって面倒臭いです。

メールと一緒で、来たものはすぐにやりましょう。あなたが本当に忙しそうにしていて、仕事をたくさん抱えていたら、どうでもいい仕事は回ってこないはずです。

「さあ、いざ、資料作成！」といっても、ほとんどの人はすぐに取りかかりません。ああでもない、こうでもないと考えます。

さらには１００％の完成形を目指し、期限ギリギリまで時間をかけます。それでは時間の無駄です。自分なりに１００％でつくってはみたものの、まったく相手の期待しているものと違うこともあり、その場合最初からやり直しです。

だから、依頼があったらまず2割程度の出来でいいので、すぐに叩き台をつくって、依頼主に見せに行ってください。

「この方向でいいですか？」と。すると「これでいいよ！」ということもあれば、「方向性が違うから」と指摘してくれることもあるでしょう。

これが完成してから持って行くよりはるかに時間短縮にもなり、相手の印象もいい方法です。もしあなたの力が上がっていれば、２割だと思っていた資料でＯＫが出ることすらあるはずです。

これは「クイック&ダーティ」という仕事の仕方です。

出来不出来はともかく、まずはスピード重視で仕事をする。もちろん最終的な完成度は高くしますが、期限に遅れて完成したら意味がありません。

2020年にオリンピックがあるわけですが、完成度をあげていたら時期が2021年になりました……ではどんなに完成度が高くても評価されないわけです。

逆に、叩き台であったとしても、1週間の予定だった資料が1日で出てきたらどうでしょう？　相手の期待を大きく上回るはずです（もちろん叩き台であることは伝えます）。

さらには「仕事が早そうだ」「こいつ本気だな」といった印象を持たれるはず。

「スピード＝熱意」です。

仕事の向き不向きなんて考える必要はありません。

そもそもやってもいないのに向き不向きなんてわかりません。やっていない＝不向き、だと思っているだけです。

ほとんどの場合、やってしまえばできてしまうものです。

・来たものはすぐにやる

・Noと言わない

これをルールにしてしまいましょう。

そうすれば迷うことが減り、早く、そしてまわりから評価される仕事ができるでしょう。

ちなみに私は、「よく会社を3つも経営していて、仕事が回りますね」と言われるので、優先順位についてひとつ、あなたにアドバイスします。

もし仕事に優先順位をつけなければならない場面があったら、

・相手がいることを先にやる

と覚えておけば、だいたいうまくいきます。

ボール（仕事）を極力持たないようにすることです。あなたでボールが止まってしまうと、ほかの人は何もできません。

いかに早くボール回ししていくかが、チームで仕事をするときの鍵になります。

バスケットボールやサッカーと一緒です。ボールを持ちすぎるといい仕事ができません。しまいには敵に囲まれてしまい、八方塞がりになるわけです。

私は実際、自分のところで止まっているボールは基本的に0です。

相手から返ってくるのを待って、返ってきたらすぐ必要な作業をして返します。

自分を高く売る方法 12

仕事に優先順位はつけない

だからいつでも手が空いていて、本当に大事なことを考えるということに、時間を割けているのです。

まわりからの評価が高い人ほど、しっかりと考える時間をつくっているものです。

そもそも人の頭は覚えるために使ってはいけません。

いろいろなことを覚えていようとすると、覚えることにいっぱいいっぱいで、何も手につかなくなってしまいます。

覚えるだけならＣＤ１枚のほうがはるかに多くの情報を記憶できます。

人間の脳は考えるためにあるのです。

いまできないことは書いて忘れましょう。

頭が混乱しているときも、書いて整理しましょう。

書くということによって、あなたの仕事や頭の中が整理されるはずです。

狩猟型《しゅりょうがた》ビジネスは絶滅する

大昔のこと。人間は狩りによって生計を立てていました。

その頃というのは、毎日が食料を得ることで精一杯。そして、一度食べ物にありつけると、次がいつになるかわからないので、必死にかぶりついていました。

そこから農業の技術が開発されます。

土を耕し、種をまき、水をまき、作物ができてから刈り取る。もちろん種まきをしているときには食べることができませんが、食料を得る計画が立ち、生活は安定しました。メデタシメデタシ……と、昔話をしたかったわけではなく、これは仕事の仕方の話です。

前者の仕事の仕方を「狩猟型」、後者の仕事の仕方を「農耕型」と言います。

成果の上がっていないビジネスパーソンのほとんどは、狩猟型で仕事をしています。目の前の仕事に追われ、ほとんど種まきをしません。

私の友人に、まったく売れない保険のセールスマンがいました。

彼がどんな営業をしているかというと、会った人にいきなり、「保険に興味ありませんか？」からはじまり、マシンガントークでひたすら保険の魅力を語り出すのです。はっきり言って迷惑極まりない。

逆に、うまくいく保険のセールスパーソンは、人の縁を大事にし、お客様のタイミングまでゆっくり待っているものです。

なぜそんなに待てるのか？

それは先々にはきっと保険が必要になる、いまでなくてもお客様の喜んでもらえるタイミングで提供しよう、そして何より、たくさん出会った見込み顧客の中には、いま必要としているお客様がいる、その必要としている人を大事にしよう、と考えているからです。

喜ばれるビジネスの基本は「求めている人に求めているものを提供する」ことです。

逆に「求めていない人に求めていないものを提供すると嫌がられる」ということです。

保険のセールスなら、たまたまいいタイミングで保険を必要とする人に出会えば、マシンガントークでも入る気があるので、契約が取れることもあるでしょう。

しかしそれは、たまたまうまくいっただけで、継続して結果をつくることはできません。

こういった〝出会い頭の結果〟だけを求める仕事の仕方が狩猟型です。継続した成功や再現性はありません。

何もこれは、営業職や販売職に限ったことではありません。

事務職でも、いつも目の前の仕事にばかり振り回されているようでは、仕事に追われて余裕がなくなっていきます。

先読みをして、必要になってくる仕事をやっておく必要があります。

先に先に仕事をする。

仕事に追われるのではなく、仕事を追っていく。

この仕事の仕方が、農耕型です。

農耕型で仕事をしている人の特徴は、仕事に余裕があります。

正確性が高く、ミスをしてもリカバリーすることが可能です。

ハンター（狩猟型）は今日食べることにコミットしていますが、ファーマー（農耕型）は一生食べられることにコミットしているのです。

自分を高く売る方法 13

ハンター（狩猟型）ではなく、ファーマー（農耕型）になる

農耕型人間になるために大切な3つのこと

狩猟型と農耕型の違いは、わかっていただけたと思います。

では農耕型で仕事をするために大事なことを、まとめていきましょう。

①「目標は達成して当たり前」という前提を持つ

どこかで、目標は達成できないもの……という前提がありませんか？

意外かもしれませんが、人間は全員、目標達成の達人です。

ただ問題は、達成する目標がポジティブなものばかりでないことにあります。

たとえば、「毎日朝6時に起きるぞ！」と決めたとします。

でも朝6時にアラームがなると、「まあ、今日くらいは6時半でもいいか……」と思い、6時半に起きるという目標を達成してしまいます。

「ダイエットをしよう！」と決めても、明日からでいいか……と、今日はダイエットをしないという目標を達成してしまいます。

結局、その場その場で立て直してしまった目標通りに過ごしてしまっているのです。

だからまず「決めたことはやって当たり前である」という前提を持ちましょう。

そして、それを習慣にするために仕組みをつくるのです。

たとえば「朝6時に起きる」というなら、同じように6時に起きる仲間を探すことです。

そしてお互いに約束します。「朝6時に起こし合おう！」と。

この取り決めでがんばれる人はそれでいいですが、もしそれだけで難しければ、「互いに罰則をつける」という方法もあります。

罰によって自分を律するという方法は、長い目で見たらいいことではありませんが、最初の習慣をつくるうちには効果的であることも多いです。

どうしても目標達成したい理由があれば、罰則などなくとも達成できるのでしょうが、そうではなく、いい習慣を身につけるために最初のきっかけとしてやるということであれば、効果的な方法です。

② モチベーションで仕事をしない

仕事ができない人ほど口にする言葉が、「モチベーションが上がらない」です。

できる人ほどモチベーションを仕事に持ち出しません。

なぜなら仕事をがんばるか、がんばらないかに、モチベーションは関係ないからです。

そもそも「モチベーション」という言葉が日本で使われはじめたのがいつ頃からか、あなたはご存じでしょうか？

ＴＲＦというグループがありますが、１９９５年3月8日に発売された10枚目のシングル曲「Overnight Sensation～時代はあなたに委ねてる～」の歌詞で使われました。それまでは「モチベーション」という言葉は、日本では日常的には使われていなかったのです。

だから、それまではモチベーションによって仕事をする人なんていませんでした。

では、なぜこのモチベーションという言葉が流行ってしまったのでしょう？

それは、「仕事をしなくていい言い訳をつくるため」です。

じつは、「モチベーションが上がらないから仕事ができない」のではなく、「仕事をしないためにモチベーションを上げていない」のです。

このことにまず気がつく必要があります。

たとえば、あなたの目の前にいきなりライオンが現れたらどうしますか？

一気にモチベーションが上がります。

「逃げろ！」となるはず。

どんなにモチベーションが低かったとしても、どうしても動かなければならないときには、関係なく動けているはずなのです。

狩猟型の人ほど、目の前に獲物が現れれば、モチベーションを仕事に持ち出します。モチベーションが上がり、がんばるわけです。

モチベーションは、仕事をやるかやらないかの言い訳にならない、ということを覚えておきましょう。

そして、これはほかのことにもいえます。

・お金がないから、自己投資できない↓自己投資しないから、お金がない
・やる気がないから、行動できない↓行動しないから、やる気が出ない
・頭が悪いから、勉強できない↓勉強しないから、頭が悪い

このように、逆の言い方をすると言い訳が消えていきます。言い訳が出たら、逆の言い方をすると、やる理由になるはずです。

③ 質より量を大事にする

狩猟型の仕事をする人ほど、質が大事だと言いがちです。

たまたまいい顧客に出会って、一発当てていく……。

そんな仕事の仕方ばかりします。

それはまるで1回だけバッターボックスに入って、いきなりヒットを打てると思っているようなものです。

もちろん、偶然バットに当たってしまうことも、たまにはあるでしょうが、そんな偶然のヒットが続くはずがありません。

バッティングがうまくなりたかったら、何度も何度もバットを振ることです。

バットを振った数だけ、バッティングが上手になります。

ビジネスの世界も一緒です。

プレゼンテーションかもしれませんし、企画書の作成かもしれません。

こなした数だけ上達していきます。

だから卓越してくるまでは、とにかく数をこなすことです。

目標はポジティブに、計画はネガティブに立てることが、農耕型で仕事をするために大事なことです。

目標は、「これを達成したらマジで面白いぞ！　やってやろう！」と思えるものがいいですが、計画は、「いくらなんでも、これだけやったら当然うまくいくでしょう」という計画にするという感覚です。

はっきり言いますが、結果をつくるために大事なことは、間違いなくハードワークです。「楽して儲かる」「簡単に儲かる」などという本も多く出ていますが、大概その本を書いて成功している人はハードワークしています。

一生懸命がんばったから、そのポジションまでのぼりつめたのです。

面白いもので、これだけやったらうまくいくだろう、というくらいの数をこなすと、嫌でもモチベーションも上がってきます。

「感情は行動の産物である」と言います。

・感情→行動

ではなく、

・行動→感情

なのです。

スキップしていてネガティブな気持ちになりますか？

行動があなたの感情を高めてくれます。

モチベーションが追いつかず、行動したくないときは、まずやりやすいことからでいいので行動しましょう。

それが必ず、あなたのモチベーションを高めることにつながります。

自分を高く売る方法 14

モチベーションより、行動量を意識せよ

「あの人だから買う」

あなたが車を買うことを決めたとします。欲しい車は何でしょう？

まず使用用途。ファミリーなのか、デート用なのか、大勢で遊びに行きたいのか。

次にどこのメーカーの車にするか考えます。トヨタ、日産、マツダ、がんばってメルセデス・ベンツやBMWなどもいいかもしれません。

いろいろ検討した結果、トヨタの車を購入することに決めました。

「そういえば以前知り合った人にトヨタの営業さんがいたな……感じのいい人だったし、あの人にお願いしよう！」

電話で連絡したところ、すぐに来て見積もりをつくってくれるとのこと。

やはり思った通り感じのいい人です。これなら安心して依頼できる。

1時間ほどして彼が到着。車についてあれこれ話して、車種も装備品も決定しました。

そこでふと気になります。

そういえばこの人はトヨタの何に乗っているんだろう？　その車の感想も聞いてみよう。

「○○さん、そういえば、あなたの乗っている車って何ですか？」

「あ、僕は日産の○○に乗っています。乗り心地もいいし、気に入っていますよ」

さて、あなたならこの営業さんから車を買いますか？

私なら買いません。むしろ日産の車のほうが気になります。

ビジネスパーソンは、言っていることより、やっていることが見られます。

だから、あなたがまわりから評価されるビジネスパーソンでありたいなら、自社製品の一番の愛用者でなければなりません。

私は飲食店の経営をしています。

あるときお店に飲料メーカーのキリンの営業さんが飲みにきてくれました。とても暑い日のことでした。たまたま接客に出ていたので話をしているとハイボールを注文します。たしかにハイボールも美味しいですが、これだけ暑かったらやはり1杯目はビールなのでは？　と思ってしまい、思わず聞いてしまいました。

「ビールはお好きでないんですか？」

「いいえ、ビールが一番好きなんですが……」

「いまからでも変えますか？」

「いいえ、僕は岡崎さんのお店ではビールを飲めないんですよ。キリンの社員なんで」

そう、うちのお店のビールはアサヒビール製だったのです。キリンの社員としてアサヒのビールは飲めない。プロです。こういう人からなら、買いたいと思います。

以前、コカ・コーラの社員が業務中にペプシを飲んでいてクビになったというニュースを見ました。厳しいようかもしれませんが、当然だと思います。それがプロ意識です。

ビジネスパーソンであるなら、あなたはいつも会社の顔で代表者です。あなたが会社のショールームだと思ってください。

どんなショールームに入りたいでしょうか？　ルイ・ヴィトンのショールームにグッチが置いてあったら嫌ではないですか？　置いているものが古いものばかりでも嫌です。

ショールームはいつもピカピカで最新でなければなりません。

あなたというショールームも一緒です。

誰が見ても魅力的なショールームに、自分をしていきましょう。

自分を高く売る方法 15

「自分が会社の顔である」と、常に意識する

プロセスよりも結果に誇りを持つ

「プロセスが大事でしょ！」

私は昔、よくこのセリフを口にしていました。自分のがんばりを認めてほしい！　そんなときに口にするわけですが、要は結果が出ていないときに使います。

では、結果とプロセス、どちらが大事なのでしょうか？

結論は当然ですが、どちらも大事です。正しいプロセスで正しくがんばらなければ結果にはなりません。まず大事なことは、正しいプロセスであるということです。

がんばり方には正しさがあります。

それは「やり方」と「基準」です。

「やり方」について、わかりやすい例を挙げます。

たとえば、野球がうまくなりたいという子どもがいたとします。

その子どもがサッカーの練習をしていたらどうでしょう？

明らかにやり方を間違っています。サッカーをどんなに練習しても残念ながら野球はうまくなりません。野球がうまくなりたかったら、野球の練習をしないといけないのです。

次に「基準」についてです。

プロ野球選手になりたいという人が、草野球チームで練習していたらどうなると思いますか？　絶対にプロ野球選手になることはないでしょう。野球の練習はしていても、基準が違います。

仕事でも一緒です。「出世したい」「まわりに評価されたい」と言っていて、やっていることは資料整理やデータ入力だけ、言われたことをやっている範囲で留めていたら、評価など上がるはずがありません。

出世している人がどんな行動をしたか、どれだけの基準で努力をしたかに合わせる必要があります。

仮にあなたが営業の仕事をしていたとします。

まわりの人よりも、大きな結果をつくりたいと決めます。

そしてその結果をつくっている先輩が近くにいたら、まずやることはその先輩に聞くことです。案外さらっと教えてくれたりするものです。

結果をつくっている人は、教えたがりの傾向があるからです。

アポの取り方、訪問時のマナー、契約時に気をつけること、契約後のフォローなど、可能な限り詳細に聞きましょう。

そうすれば「やり方」がわかります。

そして、どれだけの数をやったのか、つまり「基準」を聞いてください。

1日何件アポを取ったのか？　訪問数は？　月の契約数はどのくらい？　など、ほかにもいっぱい聞くところがあるでしょう。

できる人にどんなやり方をしてきたのか、どれだけの経験を積んできたのか、営業のように数字にしにくいものもあるでしょうが、必ず正しいやり方と基準があるはずです。

これだけやって結果が出なかったとしたらそれは、やり方が正しくないか、やる量（基準）を満たしていないかのどちらかしかありません。

つまりプロセスが不十分だということ。

プロセスと結果ではどちらが大事かという議論が、そもそも間違っているのです。

なぜなら、正しいプロセスを踏めば必ず結果が出るからです。

だから「プロセスだって大事じゃないですか」という意見はナンセンスです。とくにあなたがプロの基準で仕事をしようと思うなら。

結果を見ればプロセスを大事にしたかどうかわかります。

どんなに口でいいことを言っても、結局は結果ですべてわかるわけです。

いいことを言うより、いい結果をつくりましょう。

「プロは結果にこだわり、アマチュアは気分・感情・やり方にこだわる」と言います。

プロは必ず結果で示すのです。

アマチュアはやり方ばかりに注力して、結果にフォーカスしていません。

あなたがまわりから評価される人になりたかったら、結果にプライドを持ちましょう。

とは言っても、いきなり大きな結果をつくるのは難しいかもしれませんから、仕事で結果をつくるコツを2つ、お伝えします。

①　目標をたくさん追わない

よくある失敗は、目標を立てすぎてしまって結局どれも未達で終わるということです。

仕事によってスパンの違いがありますから、期間についてはお任せしますが、一個ずつ集中して目標を追って、完璧に身につけることです。

たとえば「アポ取り強化週間」をつくって、通常なら10件程度のアポ取りを100件にしてみる、といった具合です。

集中すると明らかに身につくのが早くなります。

要は短期間にどれだけ集中して数をこなすかが、あなたがひとつのことを習得するために大事なポイントです。

「短期間」に「集中」して、です。

週に1件では身につかないところも10件、100件、1000件と数を増やせば必ず身につきます。

少ない数では忘れてしまうところも、集中してやると一気に身につくのです。

とにかく未熟なうちは、目標をわかりやすいものに絞って確実に身につけること。一見すると遠回りのようで、じつは一番近道なのです。

② 効率性より効果性を考える

効率のいい仕事の仕方を考えがちですが、じつは「効率がいい＝効果的である」とは限りません。とくに人が関わる仕事においては、効率を追いすぎるとうまくいかないことも多いです。

たとえば飲食店で考えてみましょう。

「早い、安い、うまい」といえば牛丼です。

牛丼屋さんは効率が命です。

お客様も効率的に仕事をしてくれることを望んでいます。

短いランチタイムに早く食事を済ませたい、と思っている人が多いわけです。

だから丁寧な接客よりもスピードが大事です。もちろん、必要なクオリティはありますが、少なくとも高級ホテルのようなサービスは期待していません。

では逆に、高級ホテルのディナーを効率化したらどんなことになるでしょう?

注文はタブレット、食事は回転寿司のように出てきたら?

当たり前ですが、そんなホテルのディナーには行きたくありません。

高級ホテルには効率を求めていないからです。お客様はきちんとした接客とクオリティの高い食事を期待して行きます。

これはあなたの仕事でもあるはずです。

たとえば同僚や取引先とのコミュニケーション。

メール1通のほうがはるかに楽ですが、一度だけでも電話しておけば心証がよく、協力的になることもあるはず。

効率化はもちろん大事なことです。

しかしもっと大事なことは効果的であるかです。

ついつい楽をしたいと思って効率的に仕事をしようとしがちですが、いつも効果性を念頭に置いて仕事をしましょう。

自分を高く売る方法 16

求める結果に対して、「やり方」と「基準」を整理する

「いつ仕事をクビになってもいい」と思ってみる

「なぜ会社員時代に同期で一番の出世ができたのか？」という質問をよくいただきます。脱サラするまでの間、毎年出世させていただきましたし、当時私が中心となって会社に導入したシステムは、いまだに基幹システムとして稼働を続けています。詳細は記載できませんが、上位1％以内の評価をいただきました。

ではなぜそんな仕事ができたのか、その秘訣をお伝えすると、「いつクビになっても構わない」という前提で仕事をしていたからだと思います。

クビになったらどうしよう……という前提で仕事をすると、まわりの目や上司の評価が気になります。気に入られるように仕事をするし、結果的に言われたことばかりやり小さくまとまって、挑戦しない人間に育ちます。

ほとんどの人の、大胆に仕事をできない原因が「クビになったらマズイ」という前提です。

ここで質問です。

世の中には一体、どれだけの会社があるかご存じですか？

①　450社

②　4500社

③ 45000社

……正解は、それ以上です。

4500000社あります。450万社です、想像以上に多くないですか？

言い方を変えれば、それだけ働き方がたくさんあるとも言えます。

だから安心してクビになったらいいのです。

そもそも仕事で失敗してもせいぜいクビになるくらいで、死ぬことはありません。

大胆にチャレンジしてクビになるような会社なら、辞めてしまったほうがいいです。

転職で大手企業は入りにくいと思っている人もいるようですが、働き方が多様化している中で、大手だって入りやすくなっています。

むしろ給料面で、大手よりも中小企業のほうが待遇もいい場合だって十分あります。

冷静に考えてみると、いまの仕事にしがみつく必要なんてまったくないのです。

本当の自由は手放すことで手に入ります。

ちなみに、猿の捕まえ方をご存じでしょうか？

まず木の穴を探します。

ちょうどリンゴ1個分が入る程度の穴に、リンゴを入れて猿を待ちます。

猿はリンゴを見つけると穴に手を入れますが、リンゴの大きさに手の大きさが加わると抜くことができません。一生懸命に握りしめているところに人間が登場。

逃げればいいのに、猿は一度手にしたリンゴを手放せずに、捕まってしまうのです。


これは人生でも仕事でも一緒です。

この会社でないとダメ！　というこだわりが、あなたの自由を奪っているかもしれません。もっと自由に挑戦しましょう。

ただ当然ですが、自由＝身勝手ではありません。

自由の対価は責任です。自由にやる分だけ責任もあります。何があっても仕事の責任は自分がとる！　そう決めて仕事に臨むことが大事なポイントです。

仕事にプレッシャーを感じそう？　はい、大いにプレッシャーを感じてください。

炭素だってプレッシャーがあるからダイヤモンドになります。

それと同じで、プレッシャーが人を輝かせるのです。

「テストに受からなければならない！」

そのプレッシャーがあなたを机に向かわせたのでは？

「試合にどうしても勝ちたい！」

そのプレッシャーがあなたを練習に向かわせたのでは？

プレッシャーがあるから人はがんばります。啖呵《たんか》を切ったらいいのです。「絶対できます！」と。ダメでも死にはしません。

ある方が「死ぬこと以外かすり傷」と言っていました。

大丈夫です。人生で一度は死ぬ気でやった経験が誰にもあるはずですが、ご存じの通りあなたは死んでいません。

人は、死ぬ気でやっても死なないのです。

自分を高く売る方法 17

いまの会社を辞めても、絶対に生きていけることを知る

Chapter4 ▶

「応援される人」の コミュニケーション術

「訊《き》き上手」は最強の武器になる

コミュニケーションには話す側と聞く側がいます。両方がいないと成り立ちません。

そして、私たち人間は、自分がされたことをします。

つまり、あなたがしっかりと話を聞いていたら相手もしっかり聞いてくれるし、適当に聞いていたら適当に聞かれます。何事も、やっていることをやられます。

だから、あなたの聞く姿勢がとても大事です。

あなたが話を聞いてないのに、相手にだけ話を聞いてほしいというのは虫がよすぎます。

売れない営業の人がやりがちなのは、「私の話を聞いてください」という姿勢です。

なぜお客様は時間を割いて、場合によってはお金を支払って、あなたの話を聞かなければならないのでしょう？　売れる営業になりたかったら話を聞くのが先です。

「私たちは〇〇サービスを扱っております。お客様のお役に立てることがあると思いますので、一度お話を聞かせていただけませんか？」

こうアポ取りされたら、なかなかＮｏとは言えないものです。

社内にいて、事務的な仕事をしていても一緒です。

お願いばかりしていないで、相手の状況もしっかり聞くことが大事です。

「いつも仕事の依頼を受けてくれてありがとう。私たちにも何かできることがないか教えてくれないかな?」

こう言われたら、もっと手伝ってあげようと思いませんか? 話を聞くということは間違いなく仕事の武器になるのです。

話を聞くときに大事なことは、

① オープンであること

② わかりやすくリアクションすること

③ よく「訊く」こと

の3つです。それぞれ説明していきます。

① オープンであること

まず「外」も「内」もオープンであることが大事です。

「外」とは姿勢のことです。腕組みしたり足組みする人がいますが、心理学的には「心の防御姿勢」だと言われています。話を受け入れたくないときにしがちな仕草です。あなたも腕組みしていたり足組みしている人には、話しにくいと感じませんか？　たまに「癖です」と言う人がいますが、癖ごときで相手に悪い印象を与えていては損です。

次に「内」とは気持ちの持ちようのことです。

私たちはついつい聞きながら反論処理していたり、聞きたいところだけ聞いていたりします。まず100％そのまま聞きましょう。自分なりの考えもあるでしょうが、それはあとで話せばいいことです。話を聞いているときは、裁かずそのまま聞くことが大事です。

あなたが話していても「この人リアクションいいけど、ちゃんと話聞いてなさそうだ」とか「頷いているけどNｏだろうな」と感じるときがないでしょうか？

思っていることは、思っている以上に相手に伝わります。よくカップルが「ねえ、ちゃんと話聞いてる？」と会話していますが、きちんと聞いてないことは相手に伝わります。

返事さえしていればいい、というものではないことを理解しておきましょう。

②　わかりやすくリアクションすること

当然ですがリアクションは大事です。

ほとんどの場合、意識していないとリアクションが小さすぎることのほうが多いです。詳しくは後述しますが、普段の倍くらいを意識してリアクションするといいでしょう。

まずは「しっかりと頷くこと」「口元と目元を意識して笑顔でいること」からはじめましょう。あなたも笑顔で頷きながら聞いてくれる人には話しやすくないですか？　あなたがそうなら、あなたのまわりの人も必ずそうです。

③　よく「訊く」こと

「きく」ということには3つの種類があります。

「聞く」「聴く」「訊く」です。「聞く」と「聴く」はよく耳にするはずです。

「聞く」はあくまで音を捉えることです。音楽がなんとなく流れているのと変わりません。「聴く」は理解に努めているときの姿勢です。傾聴の姿勢といいますが、心も身体も前のめりで話を聞いているときが「聴く」です。

では「訊く」とはなんでしょう？

ここには尋ねるという意味が含まれています。「それで？」「だから？」「どうしたの？」と、相手の話を興味津々に尋ねながら聞く姿勢をいいます。

聞かれてもないことを話すのは心が阻まれますが、聞かれたことを話すのはとても話しやすいです。この尋ね聞くという姿勢が、相手をよりオープンにして、ラポール（信頼）を築くチャンスを生んでいきます。

そして、尋ねるときのコツは、オープンクエスチョンを心がけることです。

オープンクエスチョンとは、回答の選択肢が無限にある質問のことです。

逆に、回答の選択肢が絞られるものをクローズドクエスチョンといいます。

たとえば「出身はどこですか？」「黒と白ならどっちがいい？」などはクローズドクエスチョンです。「東京です」「大阪です」「黒がいいです」「白がいいです」など、回答が絞られるからです。「大阪のいいところは何？」「なぜ黒がいいと思うの？」の場合は、回答が無限にあります。オープンクエスチョンを投げかけることで、会話が広がるのです。

自分を高く売る方法 18

話を聞くときに大切な3つのことを守る

理路整然《りろせいぜん》より、一生懸命であれ

あなたが人と話をしていて、「この人の話はちゃんと聞こう」と思わされるときはありませんか？　もしくは同じことを言っていてもAさんが言うと腹が立つけど、Bさんが言うと受け入れられるということはないですか？

この「受け入れてもいい」という関係をつくり出せている状態を、ラポールが築かれているといいます。

「理解はできるけど決断はしたくない」という状態が起こるのは、いわゆるラポール不足です。理屈はYesでも、感情がNoという状態です。

人間は感情の生き物です。理屈だけでは物事は動きません。

理屈のYesと感情のYesが両方あって行動に至ります。もっと言ってしまえば、理屈はNoでも感情がYesなら、結論がYesになってしまうことすらあります。

ラポールが築けて初めて、話を聞いてもらえます。

では、ラポールを築くために大事なことは何でしょうか。

第一に挙げられるのは、先述した「訊き上手になる」ことです。

あなたがしっかり話を聞いていると、相手もあなたの話を聞いてくれるようになります。

「鏡の法則」というものがあります。自分がやったことが返ってくるのです。悪口を言えば悪口を言われるし、攻撃すれば攻撃されます。いいことをすればいいことが返ってくるし、感謝したら感謝されるようになります。

仮にあなたのことを嫌っている人がいるとします。あなたも相手のことが嫌いになりませんか？　まわりの人がしたことを、あなたも無意識にしているのです。

そして、それはあなただけの特別なことではなく、ほかの人だってそうです。

していることを、される。だから大事なことは、自分がされて嬉しいことを人にすることですし、自分がされて嫌なことは人にしないことです。

次に大事なのはユーモアです。

笑いは人との距離を近づけてくれます。

とくに〝つかみ〟がうまくなると、人間関係の距離はぐっと縮みます。

アーサー・ホーランドさんという方がいます。

有名な牧師の方なのですが、スピーチを聞いたときに本当に感動させられました。〝つかみ〟からすごいのです。

「朝でもアーサー、昼でもアーサー、夜でもアーサー、アーサー・ホーランドです」

これだけでラポールを築いてしまうのです。60歳過ぎの方が、まして牧師という神聖な仕事をしている人が言うギャップに笑いを誘われ、興味が注がれるのです。

私も講演会では、さまざまなつかみを使います。

「今日は驚きのことがありました。まさかこんなに暇な人がいっぱいいるとは！」

「今日一番大事なことを最初に伝えます。私、現在37歳、独身でございまして……独身でございまして……独身でございまして……女性の方、メモしなくていいんですか？」

「YouTubeで私の講演会の動画見てきた方、どのくらいいますか？　きっと驚いていると思います。映像よりもいい男でしょ？」

など、その場の雰囲気でつかみを変えています。

講演会に限らず、どの人間関係もつかみ次第で大きく変わります。つかみのネタを用意しておくようにすると、役に立つと思います。

さて、ここからが大事なことです。

話を聞いてもらえる状況をつくったら、今度は伝えたいことを伝える必要があります。

では伝えたいことが伝わるかどうかは、何の違いで決まるのでしょう？

理路整然と話すことなのでしょうか？

上手に話すが胡散臭い人がいます。理路整然として話はわかるが、なんとなく鼻につく。これでは相手が斜に構えてしまって大事なことは伝わりません。

以前、オーストラリアのエアーズロックを登りに行ったときのこと。

前日の晩に飲み過ぎてしまって、翌日の朝のツアーに行きそびれてしまいました。

日本で散々、「エアーズロックに登ってくる！」と豪語して行ったものですから大変です。「寝坊して行けなかった！」では格好がつきません。英語も喋れない私は焦ります。

焦りに焦って、ホテルのカウンターに行って、「エアーズロック！　エアーズロック！」と連呼していたら、移動手段を用意してくれて、特別にエアーズロックに行けました。

何が言いたいかというと、正しく理路整然と話ができなくても、一生懸命だと伝わってしまうことがある、ということです。

人生は思いの強さを競うゲームです。結局は一生懸命な人が勝ちます。

恋愛などはいい例ですが、「押しが強くて、つき合っちゃった」なんて、聞いたことありませんか？　別に好みな訳でもなく、条件がいい訳でもない。でも思いの強さに負けてOKを出してしまう。それが人間という生き物なのです。

もちろん理路整然と話ができないよりは、できたほうがいいでしょう。だから、よくする話は事前に原稿を書いて、何度も話す練習をするという手もあります。量からしか質は生まれないと前述しましたが、ここでも一緒です。

書いた原稿を何度も何度も話しましょう。話せば話すほどその話が上手になるはずです。自己紹介などいい例です。一説には自己紹介が一番うまいのは就職活動のときだそうです。理由は簡単です。一番練習しているからです。

社会人になって自己紹介の機会も減っているかもしれませんが、第一印象を決める一番大事なものです。まずは自己紹介の原稿を書いてみるといいでしょう。

自分を高く売る方法 19

ユーモアと情熱を持つ

名司会者になれ！

「猿回し」という芸を見たことがありますか？

猿が、「ウッキキー！」と飛んだり跳ねたり。綱渡りしたり輪をくぐったり。ところどころ笑いも盛り込まれていて見応えがあります。動物愛護の観点で好き嫌いという意見もありますが、ここではひとまず傍に置いて話をさせてください。

猿回しという芸が成り立つには、3つのポジションがあるのにお気づきでしょうか？

1つは「猿」です。

猿がいなければ当然何もはじまりません。しかし猿だけでは芸は成り立ちません。

2つめに「観客」が必要です。

見る人がいて初めて芸として意味があります。

3つめのポジションは「猿回し」です。

猿の後ろで黒子になって、猿に芸をさせている役の人です。猿が好き勝手やっているように見えても、猿回しがきちんと回しているから面白可笑しく見えるのです。

じつは、コミュニケーションにもこの3つのポジション（猿・観客・猿回し）があります。

猿とは「話し手」です。

猿役に求められるものは、みんなの気を引く話題や、面白い話術です。気を引く話題を用意するには少しの努力がいります。

最新のニュースを気にしておくのもいいでしょう。しかし、最新ばかりにこだわっていると、情報探しばかりしなくてはならなくなります。

そこでオススメは雑学を仕入れておくことです。古典的なものほど使い回しができて、一度覚えたらずっと使えたりします。人は自分の興味のあるものしか知ろうとしませんから、雑学の本など読んでみるといいでしょう。きっと話題が増えるはず。

ちなみに余談ですが、最近私が、ある本を読んでいて強烈だった雑学は、ビワアンコウの話でした。

深海魚で光を放つ魚ですが、ビワアンコウはメスしか光らないそうです。そしてそのメスの大きさは約1m。ではオスの大きさはどのくらいだと思いますか？

なんと「10cm」ほどです！　メスのたったの10分の1。さらにすごいのは、オスはメスを見つけるとメスに噛み付きます。

そして大事なのはここから。

メスに噛み付いたオスは、そのままメスに同化して、脳も心臓もたったひとつの機能を残して全部取り込まれてしまうそうです。では何が残るのか？　なんと精巣だけ残して、ほかはなくなり、メスが産卵するときにだけ使われるそうです。

「ビワアンコウのオスって可哀想ですね。ビワアンコウのオスに比べたら、人間のオスは自由に生きて、ずっといいと思わない？」といった感じで話を結ぶと、必ずウケます。

このように、いくつか雑学を用意しておいて、あなたが猿になったときに存分に活用してみてください。

次に観客は「聞き手」です。

大事なことは「わかりやすさ」です。リアクションや表情のわかりやすさは大事です。

ほとんどの人は、リアクションが薄くわかりにくい傾向にあります。もし相手にいい印象を持たれたいなら、普段の倍くらいのリアクションを意識するとうまくいきます。

私の友人ですが、苦節20数年の彼女いない歴を克服した人がいます。

彼は私が講師をつとめるコミュニケーショントレーニングのセミナーに来て、リアクションの大事さに気づき、実践したそうです。すると素敵な彼女をゲットしました。

彼女になぜ彼とつき合ったのか聞いたところ、「彼は私の話をよく聞いてくれるから、好きになりました」と言っていました。

彼もそれまで人の話を聞かない人だったわけではないと思いますが、わかりにくかったのでしょう。だから近づきにくく、一緒にいても気をつかって疲れてしまう。結果、まわりの人が離れてしまい、彼女ができなかったわけです。

その負のスパイラルを、「リアクション」と「表情」を意識しただけで変えることができたわけです。リアクションは愛です。相手を大事にしていることを表現する大事な手段だと思ってください。


最後に猿回しは、「司会者」のことです。

じつはその場が盛り上がるかどうかの一番の鍵を握っているのは、この役割です。バラエティ番組などを見ているとよくわかります。明石家さんまさんやタモリさん、その他名司会者の方々は、見事に猿回しをしています。

猿回しに求められるのは質問力です。

先述したオープンクエスチョンを駆使したり、話のきっかけを振って話題を盛り上げます。そして自分が話の主人公ではないので、話を振ると猿に「ウッキキー！」としてもらって、また別の猿に話題を振っていきます。

仕事の場でも、プライベートの友人関係でも、猿回しがいるかいないかで、まったく場の空気が変わります。

このポジションを身につけていきましょう。

テレビの司会者などを意識して見ていれば、きっとヒントがあるはずです。

自分を高く売る方法 20

「猿」か「観客」か「猿回し」か、自分がどのポジションか把握する

ベスト・プレゼンテーション・テンプレート

では、いざあなたが猿（話し手・プレゼンター）になったときに大事なことを、お伝えします。まずは、プレゼンテーションとは何かということを理解する必要があります。

「スピーチ」と「プレゼンテーション」は何が違うのか？

辞書にはこのように記載されています。

【スピーチ】議会や民衆などの前で自らの主義・主張を話すこと

【プレゼンテーション】聴衆に対して情報を提示し、理解・納得を得る行為を指す

つまり広義のスピーチの中にプレゼンテーションがあるわけですが、ここで大事なのは、スピーチは「話すこと」が目的なのに対し、プレゼンテーションは「理解・納得を得ること」が目的になっているということです。

つまり、理解・納得を得て初めて、プレゼンテーション成立となります。

ふだん私たちは「〇〇のプレゼンして」と気軽に言っていたりするわけですが、そもそも何の理解・納得を得るためのプレゼンなのか、明確でしょうか？

プレゼンテーションする人は、どこに着地させるのかを明確にしなければなりません。

またプレゼン資料をつくる人は、どこに着地させる資料なのかを理解してつくる必要があります。

ちなみに、プレゼンテーションの語源とは何でしょうか？

それは「プレゼント」です。「プレゼンテーションはプレゼントである」と言いますが、実際どういう意味なのでしょうか？

私は独身一人暮らしです。

会社を3つ経営していると、お盆の時期などはお中元が届くわけですが、一番困る贈り物があります。「洗濯石鹸」です。男の一人暮らしで、そんなに大量の洗濯はありません。

もらうのはありがたいのですが使い切れず在庫の山。かといって、もらったものを人にあげるわけにもいきません。個人的にはビールをもらえたら嬉しいのですが、残念ながらもらっても嬉しくないプレゼントもあるわけです。

最近では見なくなりましたが、結婚式の引き出物に、新婚の2人の写真をプリントした皿も困ります。フリーマーケットで50円で売られているのを見たときには、寂しい気持ちになります。

ここで何が言いたいかというと、プレゼントは贈れば何でもいいというものではないと

いうことです。

受け取る側の都合も考えないと、迷惑なプレゼントになるのです。

プレゼンテーションが下手な人は、自分が何を伝えたいかばかりを考えています。だから受け手からすると興味を持てません。

プレゼン上手な人は、必ず相手の立場に立って何が必要かを考えます。

そのためのリサーチも欠かしません。

私の師匠のプレゼンはすさまじいレベルですが、プレゼンの前には必ず確認が入ります。

・今日はどんな人が集まっているのか

・どんな話を聞きたいのか

・どんなセットアップがされているのか

・どこに着地してほしいのか

など。いいプレゼンテーションができるかどうかは、事前のリサーチでほぼ決まると言って間違いないでしょう。

事前のリサーチができたら次にするのは原稿づくりです。

基本的なプレゼンテーションの構成を押さえれば、原稿作成はそう難しくありません。

まずは長いスピーチでなくていいので、3分くらいの短いものをつくると効果的です。

じつはどんなロングスピーチも、飽きさせないスピーチは必ず3分程度のショートスピーチの組み合わせで構成されています。

人間の集中力に限界があり、3分以上だらだらと区切りなく話が続いていると聞き手が飽きてしまうからです。3分ひとまとめのスピーチ（プレゼン）原稿を用意しておくと、あなたのスピーチ（プレゼン）力は格段に上がります。


さて、では基本構成です。

ここでは私が講演会で使う自己紹介を例に考察していきましょう。


【岡崎かつひろの自己紹介】

みなさん、こんにちは。

今日は最初に一番大事なことをお伝えしておこうと思います（2～3秒ためる）。

僕、（1秒ほどためる）37歳独身です。

独身なんです。（強めに）独身なんですね！

女性のみなさん、メモ取らなくていいですか？

（だいたい笑いが起きるが、もし起きなかったら、『ここ、笑っていいところですよ』や『今日はノリが悪そうですね』と補足）

それはさておき、真面目な話をします。

お忙しいところ、お集まりいただき誠にありがとうございます。

今日は「自分を高く売る方法」というテーマで話をさせてください。

みなさんは、自分を高く売りたいとお考えですか？　少なくとも安く売りたい！

という人はいないと思いますが、それでは、なぜ自分を高く売りたいのでしょう？

僕は26歳の頃、ソフトバンクで会社員をしていました。

浪人していましたから社会人歴3年ですが、
3年働いてほとんど状況が変わっていませんでした。

中学・高校・大学と3～4年もあると、ガラッと状況が変わるものですが、
社会人は3年では大して状況が変わりません。

だから何となく焦りだしました。本当にこのままでいいの？　って。

その頃に最初に考えたのが、転職でした。

仕事を変えれば何か変わるでしょって。でも、ほかの会社のことはわからなかったので大学の友人に「お前の会社ってどうなの？」と聞いて回っていたわけです。

そこで出会ってしまったんですね。すごい人に。

どんな人かというと僕の2個下、当時24歳で、
すでに起業して成功している人だったんです。

尊敬しているんです、でも、腹立ちますよね（同意を求めて笑いを誘う）。

僕なりに3年間一生懸命働いても貯金0。彼は独立して、乗っている車はベンツ。

ふざけるなって。

でも話をしていると、年下ながらに率直に尊敬でした。

誠実だし真面目。これは、話を聞いたほうがいいなと思っちゃって。

いろんな話をしてもらいましたが、

「一度しかない自分だけの人生が悪くない人生じゃ嫌でしょ。悪くない人生と最高の

人生は違いますよ。もっと自分の価値を高めて自分を高く売っていかないと。俺は会社の看板外しても通用する自分になりたいと思ったんですよね」

と話をされたことがあって、たしかにそうだよなって思いました。

3年がんばってきたけど、ソフトバンクから出て通用するほどの自信はなくて。

会社の看板を外しても通用する自分になりたいと思って、起業をしたわけです。

今日は「起業しましょう！」という話ではないですが、これからの世の中、会社の看板を外しても通用する、高く売れる自分になるということは、

とても大事なことだと思います。ぜひ一緒に考えていきましょう。

リアリティを出すために、言葉遣いなどをふだんの雰囲気のまま、書かせていただきました。強弱つけてゆっくり話すと、このくらいの原稿で約3分になります。

文字数にすると1000～1200文字ほどです。

では構成について説明します。

自己紹介は大きく4つの項目から構成されています。

1　アイスブレイク（ラポールを築く、話の興味を引く、つかみ）
2　主旨（話の大事な要点を伝える）
3　理由（ストーリー・体験を伝える）
4　クロージング（結論やオチをつける）

ではひとつずつ見ていきましょう。

1　アイスブレイク（ラポールを築く、話の興味を引く、つかみ）

みなさん、こんにちは。
今日は最初に一番大事なことをお伝えしておこうと思います（2〜3秒ためる）。
僕、（1秒ほどためる）37歳独身です。
独身なんです。（強めに）独身なんですね！
女性のみなさん、メモ取らなくていいですか？
（だいたい笑いが起きるが、もし起きなかったら、『ここ、笑っていいところです

よ』や『今日はノリが悪そうですね』と補足）

ここでどれだけラポールが築けるかで、その後がまったく変わります。スピーチはつかみでほぼ決まります。ちょっとした冗談を入れてみるといいですが、どんなネタが受けるかは人によっても変わります。そして間の取り方や強弱でも印象が大きく変わります。

2 主旨（話の大事な要点を伝える）

それはさておき、真面目な話をします。

お忙しいところ、お集まりいただき誠にありがとうございます。

今日は「自分を高く売る方法」というテーマで話をさせてください。

みなさんは、自分を高く売りたいとお考えですか？　少なくとも安く売りたい！という人はいないと思いますが、それでは、なぜ自分を高く売りたいのでしょう？

ここはとてもシンプルです。これから話すことの要点を伝えます。問いかけを用いると自分事で考えるようになり、聞き手の興味を誘えます。

3　理由（ストーリー・体験を伝える）

僕は26歳の頃、ソフトバンクで会社員をしていました。

浪人していましたから社会人歴3年ですが、
3年働いてほとんど状況が変わっていませんでした。

中学・高校・大学と3～4年もあると、ガラッと状況が変るものですが、
社会人は3年では大して状況が変わりません。

だから何となく焦りだしました。本当にこのままでいいの？　って。

その頃に最初に考えたのが、転職でした。

仕事を変えれば何か変わるでしょって。でも、ほかの会社のことはわからなかったので大学の友人に「お前の会社ってどうなの？」と聞いて回っていたわけです。

そこで出会ってしまったんですね。すごい人に。

どんな人かというと僕の2個下、当時24歳で、
すでに起業して成功している人だったんです。

尊敬しているんです、でも、腹立ちますよね（同意を求めて笑いを誘う）。

僕なりに3年間一生懸命働いても貯金0。彼は独立して、乗っている車はベンツ。

ふざけるなって。

でも話をしていると、年下ながらに率直に尊敬でした。

誠実だし真面目。これは、話を聞いたほうがいいなと思っちゃって。

いろんな話をしてもらいましたが、

「一度しかない自分だけの人生が悪くない人生じゃ嫌でしょ。悪くない人生と最高の人生は違いますよ。もっと自分の価値を高めて自分を高く売っていかないと。俺は会社の看板外しても通用する自分になりたいと思ったんですよね」

と話をされたことがあって、たしかにそうだよなって思いました。

3年がんばってきたけど、ソフトバンクから出て通用するほどの自信はなくて。

──会社の看板を外しても通用する自分になりたいと思って、起業をしたわけです。

人は「体験」に興味があります。たとえば、あなたはお金が欲しいですか？　もちろん欲しいと答えると思いますが、実際にはお金「が」欲しいわけではないことが多いです。「福沢諭吉の目が好きなんだよね」とか、「夏目漱石のキリッとした顔立ちが好き」ということではないはず。お金を得て、それを使って得られる体験に興味があるわけです。ですから理由を伝えるときには体験を伝えるといいでしょう。

あなたの体験かもしれませんし、セールスなどをしている人なら自社の製品を導入したお客様の成功事例かもしれません。ここでは僕が何を体験したかを伝えています。

4　クロージング（結論やオチをつける）

今日は「起業しましょう！」という話ではないですが、これからの世の中、会社の看板を外しても通用する、高く売れる自分になるということは、とても大事なことだと思います。ぜひ一緒に考えていきましょう。

笑い話ならここでしっかりとオチをつけましょう。

ここでは講演会の最初の自己紹介ですから次に渡りをつけて終えています。仮に仕事の席や合コンなら、もう一度自分の名前を告げておくのもいいでしょう。

いくつかの状況に合わせた自己紹介をつくってみましょう。場面によってうまく使い分けるといいです。当たり前ですが商談用と合コン用では話す内容が変わるはずです。

大事なことはまず、きちんと原稿を書いて、何度も練習してみることです。

頭の中ではなく必ず声を出して、そして同じようにショートスピーチをたくさんつくっておくと、あなたのプレゼンのバリエーションが広がるはずです。

自分を高く売る方法 21

アイスブレイク、主旨、理由、クロージングの順で話す

なぜ、あの人が言うことには納得してしまうのか？

先ほど、プレゼンテーションはプレゼントであるとお伝えしました。そしてプレゼントには、喜ばれるプレゼントと喜ばれないプレゼントがあるということにも触れました。

では、喜ばれるプレゼントなら何でも嬉しいでしょうか？

たとえばあなたが女性で、家に帰ったときに贈り物が届いたとします。とても素敵な花束です。色とりどりで、自分が好きな花を中心にあしらってくれています。

ところが贈り主が書いてありません。ただ一言、入っていた手紙に、

「ずっと見てるよ」

……怖いですよね。

贈り物がどんなに素敵でも、贈り主不明や嫌いな相手からもらったものでは喜べません。

どんなに美味しいフレンチのコースでも、嫌いな友人とだったら不味くなるし、ヨーロッパ周遊旅行も、嫌いな上司に同行させられるのなら面白くもなんともないはず。

何を贈るかということよりも、誰が贈るかのほうがずっと大事なのです。

プレゼンテーションの2つめの語源はプレゼンス（存在）です。

大好きな友人との食事ならカップ麺でも美味しくなるし、大好きな恋人とのデートなら

何も遠くに行かなくても幸せでいられるように、どんな存在の人からプレゼントされたかで、受け手の反応は大きく変わるのです。

私が会社員時代の上司で、遅刻の常習犯の方がいました。

仕事はできる方ですが時間だけは守りません。上司が守らなければ部下も守らないもので、私のいた部署でまともに時間を守るのは2～3人くらいでした。

あるとき、上司が全員を集めて言いました。

「お前たち！　いい加減遅刻するのはやめろ！」

さて、その翌日、どうなったと思いますか？

その上司が真っ先に遅刻していました。結局、遅刻常習部署に逆戻りです。

やっている人の言うことしか、人は聞かないのです。

遅刻の常習犯に遅刻はだめだと言われても、「あんたが直しなさい」と思われて終わりです。もっと言ってしまえば、信用・信頼できる人から言われたことは伝わるし、信用・信頼できない人から言われたことは伝わりません。

だから、**プレゼンテーションにおいて最も大事なことは、あなたが信用・信頼される人**

であるということです。

ところで、信用と信頼の違いとは何でしょうか。

「信用取引」とは言いますが「信頼取引」という言葉はありません。

じつは本質的意味はまったく異なります。

「信用」は、あなたが過去につくり出した実績によって得られます。

どんな資格を持っているか、どんな学歴・職歴か、仕事の期限を守るかなどを見られます。

「信頼」は、その人との人間関係によって変わります。

家族や古くからの友人、有言実行な人、普段から礼儀正しく約束を守る人や、裏表なく真っ直ぐな人などには信頼を寄せます。

すごい話術を持ったセールスパーソンが、見事なまでに胡散臭かったりするのは、このせいです。言っていることは信用できても、言っている人が信頼されてないのです。

信用はできても信頼されないビジネスパーソンは、大成することはありません。

ちなみに信頼はできるけど、信用されていない人間関係もあります。

それは親子関係です。

親は子どものときからの失敗をたくさん見てしまっています。

だから親は子どもが何かしようとすると、反対したがるわけです。

親から信用されるには、かなりの「信用残高」を積み上げる必要があります。

そう、信用には「残高」があるのです。

いままで何をやってきたかで、最初の信用残高が決まります。しっかりとした経歴があるだけでスタートの残高は高いですが、その後は人との約束を守ったか守らなかったかで、残高の出し入れがおこなわれるわけです。

約束を守れば守るほど信用残高が増え、破れば破るほど信用残高が減っていきます。

ちなみにアメリカでは、信用残高と預金残高は比例すると言います。

あなたの経済状況は、間違いなく信用残高の結果によって影響されるわけです。

人から信用されるために一番大事なのは、約束を守り続けるということです。まわりから信用されるあなたが言うことだから、伝えたいことが伝わるのです。

ただ、信用される人間関係が構築されてないと伝わらない、ということばかりでもありません。新人のセールスで話もまとまっていない、けれども一生懸命さと熱意で契約してしまう、ということはよくあることです。

恋愛もそうです。大して好みのタイプではなくても、一生懸命に告白されてついOKを出すことだってあります。

「釣りバカ日誌」という映画がありますが、主人公ハマちゃんが、妻のみち子さんにプロポーズするシーンが面白いです。

「僕はあなたを幸せにする自信なんかありません。でも、僕が幸せになる自信はあります！」

あまりに一生懸命に言われるものだから、みち子さんも、

「こんな一生懸命な人と一緒にいたら、きっと自分も幸せになれる」

と思ってプロポーズを受けるわけです。

信頼関係を築くために大事なことは、自分自身の姿勢やあり方、自信なのです。

・自分との約束を守っているか
・一生懸命に仕事に取り組んでいるか
・日々挑戦しているか
・人のせいにせず、自分の課題と向き合っているか

・目標を持って生き、いつもその目標に正直でいるか

などが問われるのです。

人との約束を守ると信用が得られます。自分との約束を守ると自信が得られます。そして、自信にあふれている人は信頼されやすく、言っていることも伝わりやすいです。

最近では「セルフブランディング」という考え方があるようですが、本質的なところで大きな間違いがあります。どんなに着飾って装飾しても、中身がない人は結局のところ信頼されません。鬼の金棒を持っても鬼ほどの力がなければ意味がないように、イチロー選手のバットを持ったところで使いこなせる自分でなければ意味がないように、です。

表面的なブランディングももちろん大事なのでしょうが、伝わるプレゼンテーションができるようになりたければ、自信にあふれた、信用・信頼される自分になりましょう。

自分を高く売る方法 22

「信用残高」を積み上げよう

Chapter5

「ビジョン」の描き方で、あなたの値段は変わる

「少年よ、大志を抱け」は本当に必要か？

ウィリアム・スミス・クラークは言いました。

「少年よ、大志を抱け」

坂本龍馬は言いました。

「人として生まれたからには、太平洋のように、でっかい夢を持つべきだ」

反対に、最近のビジネス書を見ると、大きすぎる目標設定は失敗のもと、やる気を削いでしまう、などと書かれていることもあります。

はたして、どちらが本当なんでしょうか？

結論は「どちらも正解だが、片方だけではうまくいかない」です。

「信念の法則」というものがあります。

たとえばあなたに、「明日太陽は昇ると思いますか？」と聞いたとします。

昇ると答えますか？　昇らないと答えますか？

「昇る」と答えると思います。それはなぜでしょう？　だって、まだ見ぬ明日の結果です。

１００％の保証はありません。

それでも誰だって、明日太陽が昇るということを疑う人はいません。

その理由は簡単です。

それは、「毎日太陽が昇るという結果を見続けてきたから」です。毎日太陽が昇るという結果を見続けているので、「太陽は昇って当たり前」という信念になっているのです。

このように人にはそれぞれ信念がありますが、信念にはプラスの信念とマイナスの信念があります。約束を守ったり、言ったことをやるとプラスの信念がたまり、約束を破ったり、言ったことをやらないとマイナスの信念がたまります。

ここにAさんとBさんがいます。それぞれ約束をこのように扱っています。

A……○×○○×○××○○

B……○○○○○○○○○○

(○=**守った**・×=**破った**)

では質問です。

Aさんは次の約束は守るでしょうか？　Bさんは次の約束を守るでしょうか？

Aさんについてはわかりません。守りそうな気もするし、守らないような気もします。

逆にBさんはわかりやすい。いつも約束を守っているので次も守るように思います。

積み重ねてきた実績が、あなたの信念をつくり上げるのです。
新しいことに出会って、何も聞く前から「できません！」と言う人がいます。こういう人はマイナスの信念を積み重ねてしまって、次も自分にはできないという前提をつくっているのです。こういう人に「少年よ、大志を抱け」と話をしても意味がないのです。
逆にプラスの信念を蓄えている人は、新しいことを聞くとやる前から「できます！」と前向きで動くことが多いです。「いままでもやってこられたのだから、次だってできるはずだ」と思っているのです。あなたはどちらの人でしょう?

プラスの信念を蓄えているなら、大きなビジョンや目標を掲げてみるのもいいでしょう。マイナスの信念を蓄えているなら、できることから積み重ねてみるのもいいでしょう。

ビジョンや目標設定をするときに大事なことは、「自分が一番燃えるもの」を掲げることです。大きいからいいわけでも、小さいからダメだというわけでもありません。

自分を
高く売る
方法
23

プラスの信念を蓄えていこう

転職を繰り返しても
人生が好転しない理由

「転職すれば人生変わるの？」

そのとき私は、仕事を変えれば人生が変わると信じていました。ソフトバンクの仕事に不満があったわけではありません。でもこのままでいいとも思っていません。

「もちろん仕事は大事だよ。でもね、ゴールはもっと大事だから」

……意味がわからない。

「たとえばね、今日は東京駅で会おうって言って電車で来たでしょ？　もし大阪に行くなら新幹線だろうし、沖縄に行くなら飛行機に乗るわけ。行き先が決まらないと手段は決まらないよね。人生だって一緒だよ。まずはゴールを決めないと。ゴールによっては効果的な仕事と効果的でない仕事があるわけ」

目からウロコでした。それまで私は、いい大学にいって、いい会社に入れば人生ハッピー……くらいにしか考えていなかったですし、外資系企業にでも転職すれば人生変わるだろう、程度にしか考えていませんでした。

私の師匠との出会いは、このように、転職しようと迷ったときでした。

会社を変えればもっと素晴らしい人生が待っている。そんなふうに考えていたときです。ただ、転職活動の仕方もわかりません。

「人生の乗り物は仕事だと思う。だから何の仕事をするかはもちろん大事だけど、闇雲に仕事を変えてどこに向かって行くつもりなんだろう？　沖縄に行きたいと思って山手線に乗ったらアホでしょ。沖縄に行きたいなら飛行機に乗らないと。人生のゴールのことをビジョンっていうわけだけど、岡崎さんに人生のビジョンはあるの？」

人生のビジョン……まったく考えたことがなかった。

会社で出世して年収１０００万円くらい稼げたらいいな、という程度しか考えてなかったから。いつか結婚して、子どもができて、いわゆる普通の人生を歩んで行く……。

「会社は会社のビジョンは決めても、従業員のビジョンまでは決めてくれないよ。自分のビジョンがないと誰かのビジョンに巻き込まれていくだけ。岡崎さんの人生は誰のものなの？　会社のもの？　それとも自分のもの？」

そう言われてみれば、私の人生はいつも自分ではない誰かの決めたゴールに向かって生きていたかもしれない。受験だって親が決めたし、会社選びは世間体で決めた。

自分の人生をどうしたいかなんて、基準をもって選択したことはない。

「人生は選択だよ。過去の自分が選んだ結果の積み重ねが現在。じゃあ、その過去の選択の基準ってなんだろう？　誰かのビジョン？　親が言ったこと？　それとも世間体？

少なくとも、自分の人生を悪くしようと思って選んではいないはず。過去を振り返って違うなと思うことも、そのときその瞬間はいいほうを選んでいる。勉強しようと思って、面倒だから遊ぼうって選んだかもしれない。食べ過ぎないようにしようと思って、でも食べようと決めたり。振り返ってみれば、なんでもっと勉強しなかった、なんでもっと節制しなかったと後悔ばかりかもしれない。でも、そのときはそのほうがよかった。人生はいつも自分にとっていいほうを選んで積み重ねているんだ」

自分にとっていいほうを選んでいる。たしかにそうだった。

受け入れたくないけど、受け入れるしかない。自分の人生で、そのときは自分にとっていいほうを選んできている。誰かの意見に流されてきたことだって、自分で流されることを選んだ。そのほうが楽で、考えなくていいから。

「じゃあ質問だけど、なんで自分にとっていいほうを選んで生きてきたのに、いまが最高になってないの？」

……え？

「だって、自分にとっていいほうを積み重ねて生きてきたら、いい人生になっていいはずでしょ。でもほとんどの人はそうなっていない。

その理由はどんな人生にしていきたいのか、理想を描いていないから。理想から逆算していまの行動を決めること。当たり前なんだけど、この当たり前のことをやっている人はほとんどいないんだよね」

どんな人生にしていきたいのか、理想を描いていない……。

たしかにそんなことを考えたことはなかった。目の前の仕事に一生懸命で、結局自分の人生を会社に任せてしまっていたのかもしれない。

「成功する人は必ず結果を決めて原因づくりをする。

ダイエットで考えたらわかりやすいかもね。1ヵ月で3キロ痩せようって決めたら、毎日の食事も運動量も決まってくる。もし3キロ痩せようって決めて行動を変えなかったら馬鹿だよね。同じことを繰り返していて異なる結果を求めることを『狂気』と言うんだ。

結果を決めてから原因づくりをする、これは人生でも同じこと。

毎日の選択の基準は、将来の理想に近づくがんばり方をしているかどうか。でも理想に近づくようにがんばると、やりたいことばかりではないだろうね。

いや、むしろやりたくないことのほうが多い。大事なことは、やりたいかやりたくないかではなくて、やる価値があるかやる価値がないかで判断し行動することだよ」

やりたいかやりたくないかではなく、やる価値があるかないかで行動すること。

振り返ってみれば、私の行動の基準はいつもやりたいかやりたくないか、人から評価されるかされないか、自慢できるかできないか、そんなことばかりで、やる価値があるかないかなんて考えてこなかった。

「価値がある選択をするためにはビジョンが絶対必要なんだ。人生がうまくいっていないのだとしたら、一番の原因はビジョンを描いてないことだ」

自分を高く売る方法 24

明確なビジョンがあれば、「どこの会社にいるか」はどうでもよくなる

成功する人ほど、ビジョンに正直

「正直になれ」と言われたことがある人もいるでしょうが、私たちは全員が何かに正直です。

たとえば、あなたが自宅にいるときです。親しい友人が急に訪ねてきました。

「ごめん！　変な人に追われて！　申し訳ないけど、1時間だけかくまってくれない？」

もちろんよく知る友人です、おそらく部屋に入れるでしょう。

事情を聞こうと思っていると、今度は玄関からドアを叩く音がします。

「この部屋にいるのはわかってんだぞ！　とっとと出てこい！」

運悪くチェーンだけしかかけていなかったため扉が少し開きます。人相の悪い男がそこにいてあなたに言ってきました。

「正直にあいつを出せば許してやる。とっとと出しやがれ！」

さて、あなたならどうしますか？

「はい、すみません。彼はここにいます」と正直に答えますか？

さすがにそんなことはしないですよね。

おそらく、「ここには自分しかいません。お帰りください」と言うのではないでしょうか。

では、これは嘘をついたということでしょうか？

正直さには対象があります。

ここに友人がいることを相手に告げるのは、「状況に正直」だということになります。「ここにはいない」と言うのは、友人を大事にしたいという「気持ちに正直」だと言えます。

こんなふうに人は、必ず何かに正直に行動しています。

成功しない人はよく、「気分が乗らなくて」「自分らしくありません」「人から悪く見られたらどうしよう」など、成果と関係ないことに正直になっています。

気持ちは簡単に変動します。たとえ気分が凹んでいても、もし目の前に絶世の美女がいて「カモン♪」としていたら、ほとんどの男性は元気になるでしょう。

成功する人は必ず、将来の理想に正直なものです。

ダイエットを例にするとわかりやすくなります。

ダイエットすると決めて食事制限をしようと思う。けどそこには悪魔の誘惑。だいたいよくなろうとすると誰かが止めにくるものです。どこそこのケーキが美味しいだの、お土産買ってきただの、「大盛り無料ですよ」などと言ってくるわけです。

そうすると、「まあ、今日一日くらいはいいか」と、その日限りの一念発起で終わってしまうわけです。

でもダイエットに成功する人は、痩せるということに正直です。痩せて夏の海でモテモテ、腹筋を6パックに割って最高の夏を！　とがんばるわけです。だから食事はタンパク質を中心にして、筋トレをして、有酸素運動をする。別に食事制限が好きなわけではなく、痩せるということに正直になるから、食事や行動も変えようと思うわけです。

甲子園に行く人も、東大に行く人も、会社で出世する人も、起業して成功する人も、全部一緒です。自分の理想のビジョンに正直なのです。


「成功は健全な代償の先払い」という言葉があります。


いまやりたいことではなく、成功のためにやる価値があることを先にやること。

自分らしくやることではなく、理想の自分ならどうするかを選択すること。

理想のビジョンに正直になれば、必ず行動は変わるものなのです。

自分を高く売る方法 25

「自分が何に正直であるか」を知る

つき合う人を変える

「ビジョンや目標が大事なのはわかった。でも、そうは言っても、そういうのを決めるって難しいよね」

と言う人もいるかもしれません。

はい、難しいです。難しいと思っている人にとっては。

人間は自分の考えた通りの人になっていきます。

私の昔の口癖は「人生あきらめが肝心さ」でした。

ことあるごとに、「そうは言ってもね、あきらめが肝心でしょ」と言って、あきらめていたわけです。

だからいつも、あきらめたなりの結果になっていました。

ちなみに私の特技はダイエットですが、リバウンドはプロ級です。

そんな私が言うのはなんですが、女性が１００％ダイエットに成功する方法があります。

それは、ウェディングドレスを自分の理想の体型でつくることです。

これは何人かのウェディングプランナーの方にインタビューしたのですが、ほとんどの女性はドレスをいまの体型より細く、理想の体型でつくることが多いそうです。

そして、その際のダイエット成功率は100%！

人間、決めた通りになりますし、決めていることは必ず達成できるのです。

日本人とアメリカ人では、アメリカ人のほうが新しい取り組みに対して、「自分ならできる」と答える割合が、倍以上大きいという統計があります。

さあ、ではこの「自分にもできる」という考え方を身につけていくために、どうしたらいいのでしょう？

ひとつは先述した「信念の法則」に基づいて、約束をひとつずつ守っていくことですが、これには時間がかかります。

もっと手っ取り早くあなたの信念を変える方法があります。

それは、「一緒にいる人を変える」という方法です。

有名な心理学ですが、あなたのまわりでもっとも長い時間を一緒に過ごしている人、5人を挙げてみてください。

どんな人が出ますか？

その5人の平均値があなたになります。

収入やライフスタイル、性格、ものの考え方まで似てきます。

「朱に交われば赤くなる」という諺《ことわざ》がありますが、まさにその通りで、一緒にいる人であなたという人は決まってくるのです。

考えてみてください。もしあなたが学生時代、「東大に行って当たり前」という人たちと一緒にいたら、一緒に勉強の話をし、きっと成績も優秀になっていたはずです。

野球だって、草野球で当たり前の人と一緒にいるか、甲子園に行って当たり前の人と一緒にいるかでまったく取り組み方が変わるでしょう。

自分の当たり前、居心地のいいところ、これを「コンフォートゾーン」と言います。

あなたのコンフォートゾーンは一緒にいる人で決まってくるのです。

だから、いまのあなたのコンフォートゾーンを抜け出すために大事なことは、一緒にいる人を変えることです。

変える方法は簡単です。

有名な方の講演会などに行って、まわりの人と仲よくなるのもいいでしょう。

講演会にもよりますが、アフターの場所を用意していたりします。

必ずそういった場所には参加するべきです。

自分と同じように目標を持ってがんばりたいという人に出会うことができますし、場合によっては講師の方と友人になることもできるでしょう。

また、まわりの友人にそのまま言ってみるのもいいでしょう。

「意識が高い人とか、目標持ってがんばっている人、いない？」

案外、近くにいたりします。

いい出会いが欲しいなら、「いい出会いが欲しい」と言ってみたらいいのです。


ただ、あなたが自分を変えようとすると、元のコンフォートゾーンにいた友人は、それを止めようとしてきます。

こういった人とは「つき合うな」とは言いませんが、つき合い方は考えるべきです。

学生時代はみんな仲よくすることが正解でも、社会人はつき合う人を選ぶのが正解です。

いくらでも出会いのあるなかで、効果的でない人とつき合う必要はありません。

自分を高く売る方法 26

「コンフォートゾーン」を抜け出せ！

溺れている人が、溺れている人を助けることはできません。
道に迷っている人が、道案内することもできません。
まずあなた自身の人生を成功に導くこと。
誰かの役に立ちたいという気持ちは素晴らしいことですが、あなたの人生が先です。
まずあなた自身が、勝てる人になりましょう。

「やりたくないこと」をリスト化する

私が海外旅行に行きだしたのは、28歳の頃でした。

たまたま取引先がソルトレークシティにあり、そこに遊びに行ったときのことです。

じつは恥ずかしい話、それまで一度も海外旅行をしたことがなく、よく「海外に行ったからって人生変わるわけじゃないでしょ」と強がっていました。

その頃、ある経営者の講演会に参加したことを、いまでもよく覚えています。

「世界一美しい年越しがあるのはご存じですか？　それはアイスランドの首都レイキャビク（Reykjavík）の年越しです。何があると思います？　なんと街中で花火が打ち上げられるんです。３６０度、全部花火！　花火が上がるというよりも、花火に包まれるという感じです」

この話に感動してしまった私は「いつかレイキャビクの年越しをする」と決めて、自分の夢リストに加えていました。

その夢は5年越しで叶います。

行ってみたら本当の感動が。花火を見て涙したのは、あとにも先にもこれだけです。

ちなみに、なぜ街中から花火が上がるのかというのをタネ明かしすると、年末にかけて巨大な打ち上げ花火が消防署で売られています。

これをいつでも街中の好きなところで上げていいことになっているのです。日本では絶対ありえません。

1度目のアイスランドでこれを知った私は2016年末、再訪しました。

目的は自分で花火を上げること。

無事150発の花火を打ち上げてきました。

次の夢リストには「2020年末に2021発の花火を上げること」と書いています。


「願望は知識」という言葉があります。

人は知っているものの中からしか、選ぶことができません。

だからビジョンを描くときに、まず大事なことは知ることなのです。

まず、いまの自分のやりたいことは、いったん脇に置いてみてください。

なぜかと言うと、いまやりたいことは、たったの20数年間、30数年間の経験で知ったことのひとつに過ぎないからです。

それがダメだということではなく、まずはもっと大きな視野を持つことが大事です。

私は世界中で一番好きな国は日本です。

これは昔もいまも変わりません。

40ヵ国以上をまわり、それも弾丸ツアーではなく、ひとつずつの国を大事にまわって、見て、聞いて、食べて、話して、感じた結果、それでもやっぱり日本が好き。

「日本が一番」という固定概念を置いて世界をまわったからこそ、日本しか知らなかったときよりも、ずっと日本が好きになりました。

広く知るためには、まず自分の固定概念を脇に置くことです。

そのために、次の2つのことをしてみてください。

① 人脈づくり

私はとくに新しくできた友人には、この2つの質問をします。

「いままでで一番面白かった体験は？」

「これから一番してみたいことは？」

すると面白いことに、さまざまな体験が出てきます。

きっとそのなかには、あなたの願望を広げてくれるものがあるはずです。

② 読書

いろいろな人との出会いが、あなたの願望を広げてくれますが、なかなか面白い人に出会えないということもあるでしょう。

そういう人はとくに読書をすることがオススメです。

本を通してその作者と出会うことができます。

本には作者の考えが詰まっているのです。

読書量に応じて、あなたの知っていることの幅は広がるはずです。


さあ、この2つのことをして、あなたの願望が広がったら、次にやることは「夢リス

ト」をつけることです。

理想は夢を100個挙げることですが、まずはとにかくやってみましょう。

最初は、

・旅行したい
・特別な体験がしたい
・美味しいものを食べたい
・出世したい
・お金持ちになりたい
・素敵な彼女（彼氏）が欲しい

といった具合に曖昧なものからのスタートでOKです。

そこから徐々に、

・アイスランドの年越しをしたい
・ハワイでホノルルマラソンを走りたい
・パークハイアットでディナーしたい

・最年少で課長になりたい
・30歳までに月収100万円稼ぎたい
・共に目標を持って応援しあえる彼女（彼氏）が欲しい
などと具体的にしていくといいでしょう。

夢リストをつくるのが難しいと感じる方へ、もうひとつアプローチがあります。
それは、「やりたくないことリストをつくる」という方法です。
こちらのほうが簡単かもしれません。

・満員電車に乗りたくない
・上司の顔を見たくない
・つまらないルーティンワークをしたくない
・飲みに行くのに、飲み代を気にしたくない
・買い物で我慢したくない
といった具合です。

すると今度は、その逆が「やりたいことリスト」につながるのがわかります。

・満員電車に乗りたくない→電車に乗らなくていい場所に住みたい
・上司の顔を見たくない→出世して上司を超えたい
・つまらないルーティンワークをしたくない→クリエイティブな仕事がしたい
・飲みに行くのに、飲み代を気にしたくない→収入をもっと上げたい
・買い物で我慢したくない→お金持ちになって店中の物を買い占めてみたい

こういうふうに、自分の理想形が見えてくると思います。

ぜひ「夢リスト100」と「やりたくないことリスト100」をつくってみましょう。

自分を高く売る方法 27

「人脈」と「読書」で世界を広げ、「夢リスト」と「やりたくないことリスト」で行動する

「軍の戦闘機で音速を超え、成層圏に行く」という目標も叶います

夢リストをつけていると、「そうは言っても、こんなこと自分にできるのか?」と思うかもしれません。

たとえば、

「軍の戦闘機で音速を超え、成層圏に行く」

という目標はどうでしょう?

一見すると、そんなことできないでしょ! と思いそうな目標です。

でもじつはそう難しくありません。実際に私は行っています。

ロシアの戦闘機「ミグ29」に乗って音速を超え、成層圏に行き、さらには自分で操縦もしてきました。

どうやってそんなことするの? と言われるかもしれませんが、タネ明かしをすれば簡単です。そういうツアーがあるのです。日本円で250万円するツアーですが、誰でも申し込みすることが可能です。

250万円というと高いかもしれませんが、月々10万円ずつ貯めれば2年で行けます。

家賃を抑えて、たとえばルームシェアしてみたり、空いた時間で副業してみたり、残業が歓迎な会社なら残業したりすれば、決してできない数字ではありません。

知らないだけで、じつは夢の実現はそう難しくないのです。

夢や目標が難しいかどうかはどちらでもいいのです。

大事なことはプロセスが具体的で、実現可能であるかということです。

だから一見すると無茶苦茶な目標も、試しに立ててみましょう。目標を立てるだけならタダですし、誰にも迷惑はかかりません。

夢に期限をつけましょう。

ダイエットと一緒で、期限がなければ、決して達成することはありません。

期限を切るときのコツは、明確であることです。

たとえば、来年という期限はありません。ダイエットに失敗する人はスタートを明日に設定します。「ダイエットは明日から」。よく聞きませんか？

そして明日になると、「また明日」と言って結局先延ばし。明日は毎日あります。来年も毎年あります。ほかにも3年後、5年後、というのも一緒です。

「2020年1月31日までに」といったように、明確に期限を切りましょう。とたんに現実味を増すはずです。

さあ、期限が明確になったら、次は数字を明確にすることです。

数字は嘘をつきません。愛情だってある程度数字で測れたりします。プレゼントの金額と回数……など。まあ、それは冗談ですが、収入をいくらにする、貯蓄をいくらする、毎日のカロリー摂取をいくらにする、毎日運動で〇〇カロリー消費する、成約数を〇件達成する、などの計画が立っていくわけです。

ちなみに、あなたは年始に目標を立てる人ですか？

それはどこまで遂行されましたか？

目標を立てたときのことを思い出してみてください。

「よし！　やるぞ！」と、燃えていませんでしたか？

じつは人間は、目標を立てたときが一番燃えて自分が満たされます。

では次に自分が満たされるときはいつでしょう？

それは達成したとき……と答えたいところですが、違います。

じつは、あきらめたときに人は満たされてしまいます。

これを「あきらめによる欲求充足」と言います。

このあきらめによる欲求充足はかなり手強いです。

なぜなら、あきらめるのが一番簡単で、確実に手に入るからです。

あきらめによる欲求充足に慣れてしまうと、あきらめ癖がついてしまうわけです。

人間は使ったところが強くなります。走れば足が速くなります。腹筋運動をすればお腹に筋肉がつきます。数学を勉強すれば数字に強くなるし、国語を勉強すれば語彙力《ごいりょく》がつきます。

しかしこれは逆も言えます。人間は使わないところは弱くなります。

歩きもしなければ足が弱ります。腹筋を使わなければだらしないお腹になり、数字を扱わなければ数字に弱く、漢字を書かなければ書けなくなります。

これと一緒で、挑戦する癖をつければ挑戦することに強い脳ができ、あきらめる癖をつければあきらめることに強い脳ができてしまうのです。

では、弱った脳を鍛えるにはどうしたらいいかというと、仕組みをつくってしまうのが一番です。

たとえば、早起きの癖をつけるにはどうしたらいいでしょう？

早朝に友人とランニングの約束をし、家の前で待ち合わせしてみてはどうでしょうか？

嫌でも起きざるを得ません。

私の友人で読書を習慣にしようと決めた人がいます。

彼は何をしたかというと、自分で読書会を企画し、人を集め出しました。自分がリーダーですから、やらないわけにはいきません。

結果、毎週10人以上が集まって、読書報告をする会になっています。

これが、まわりを巻き込むというかたちの仕組みのつくり方です。

人は自分のためには全力を尽くせないときも多々あります。人に厳しく、自分に甘い。でもまわりを巻き込んだら、嫌でも自分に厳しくなるわけです。

そして、人は忘れる生き物でもあります。

せっかく一度立てた目標も、残念ながら1週間もしないうちに忘れてしまったり、あとから自分の都合で目標を変えてしまったりします。

ですから、**あとから目標を変えてしまわないように、書いて貼っておくのがオススメで**

す。それも必ず目につくところに。トイレやドア、あとはスマホの待ち受けにしてしまうという方法もあります。

私の経営者仲間ですが、スマホの待ち受けが「年収1億円達成！」となっていました。これなら嫌でも目標を忘れられません。

目標を立てたあと、必ずやる気が下がりだします。

目標を立てたときの情熱が下がっても、気持ちに関係なく目標を追う人が成功していきます。目標を明確にし、ビジョンをかたちにしていきましょう。

自分を高く売る方法 28

目標は日付と数字をつけ、トイレとスマホの待ち受けに

Last Chapter

あなたの「ブランド」価値を上げていく習慣術

カンニングしなさい

「課長！　すごいアイデアを思いつきました！　これで一気に挽回できます！」

ドラマの世界ではありがちですが、残念ながら現実の世界では、これはほとんど起きません。ドラマチックという言葉があるように、ドラマで起きていることは特別です。現実の世界は、特別なことでなければ結果にならないわけではありません。

たとえばあなたがコンビニに行くとします。どんなコンビニに行きたいですか？

個性豊かで独創的なコンビニはいかがでしょう？　オーナーが阪神タイガースファン、ユニフォームはお揃いの縦縞模様、外観にはトラをあしらい、流れる曲は「六甲おろし」。品物は全部阪神ゆかりのものばかり……。阪神ファンにはたまらないお店だと思いますが、コンビニに行きたいという人にとっては、行きたいお店ではありません。

セブンイレブンはセブンイレブンらしく、ローソンはローソンらしいからいいのです。

私が会社員時代のこと、新しいシステム導入で資料をまとめて上司に提案しました。

すると上司から、

「お前、この会社からいくらもらっているんだ？」

と言われたことがあります。なぜかというと資料が上手にできすぎていておかしいと。

もちろんリベートをもらうようなことはありませんでしたが、そこまで資料が上手につくれたというのはとても嬉しかったです。

ではなぜ、そんな上手な資料ができたのでしょう？　タネを明かせば簡単です。

当時はパワーポイントを使っていましたが、パワーポイントのデザイン集から、見た目がよく、使いやすそうなものをそのまま使っただけだったのです。

はっきり言ってパクリです。

でも別に著作権のあるものではありません。気にせずパクらせてもらいました。

私は飲食店も経営していますが、遠慮なくほかのお店のいいものをパクらせてもらっています。そもそも、ほとんどの飲食店はどこかをパクっています。

そのままなのか組み合わせなのかは別にして、パクるのが当たり前なのです。

「独創的なお蕎麦屋さん」なんてありません。はっきり言って皆無です。ラーメンだってハンバーガーだって、結局はどこかを真似させてもらっているものなのです。

だからあなたも自分を高く売るために最初の一歩ですることは、徹底的なカンニングです。うまくいっている人からパクってパクってパクりまくりましょう。

あなたの個性なんてまったく必要ありません。安心してください、どんなにパクっても最後にはあなたの個性がしっかり残っています。

たとえば学生時代にスポーツをしていた方はわかるはずです。

後輩が入ってきて、「僕には僕のやり方があるんです！」なんて言っていたら、しばき倒していませんでしたか？

個性を発揮するのは基礎基本が身についたあとの話であって、大して仕事ができないうちに言うことではありません。

中途半端な人ほど個性を気にします。

本当に仕事ができる人は、個性よりも仕事の成果を優先するものなのです。

徹底的にパクるときのコツは、成果を出している人、1人に絞ることです。

まずあなたの師匠と言えるような存在を探してください。

なぜかと言えば、複数人から学ぼうとすると迷ってしまうからです。

ひとつのことにひとつの正解がある数学のような解答なら簡単ですが、実際の世の中は数学のように1：1では答えが出ません。

むしろ、答え（1）：やり方（無限大）というほうが多いです。

だからあれやこれや、さまざまな意見を聞いてしまうと、迷うだけで行動することができなくなってしまいます。

ちなみにどの成功者にも必ずと言っていいほど、師匠と言える存在がいます。

中村天風さんや、松下幸之助さん、稲盛和夫さん、もちろん有名な経営者だけではなく、世に名が通っていなくても実力ある経営者に学んでいる人がたくさんいます。

学生時代には誰にも先生がいました。

二十歳そこそこで社会に出て、もう一丁前に自分は1人でやっていけると思っているほうが傲慢なのです。かく言う私もたかだか、まだ40歳手前。人生の先輩方からは学ばせてもらってばかりです。おそらく世の中の1％のことも知らないでしょう。そのくらい世の中は広いのです。

これだけ広い世の中にあって、自分を高めるために師匠の存在は不可欠です。

師匠の探し方が難しいという人もいますが、決してそんなことはありません。

じつは身近にすごい人はいたりします。試しにまわりの人に聞いてみてください。「あなたのまわりにすごい人っている?」と。

現代社会は、7人の知り合いを介すと、理論上は世界中全員に会えるそうです。

試しに自分の会社の社長にアポを取ってみてはどうでしょう?

おそらく連絡先が公開されているはずです。

そんなことをしたら評価が下がるかもしれない? それで評価が下がる会社なら辞めましょう。会社なんて腐るほどあります。

近いところでなくてもインターネット全盛のいまの時代、連絡するだけなら簡単です。SNSやブログなどが公開されていたり、ほかにも講演会や勉強会などが企画されていて、そこに行けば成功している人と簡単に出会うことができたりします。

要は、あなたが師匠と本気で出会うと決めるかどうかの問題です。

早く師匠と出会い、その人を徹底的にパクらせてもらいましょう。

自分を
高く売る
方法
29

師匠を1人決め、徹底的にパクりましょう

会社と自宅は徒歩圏内にする

あなたが自分の価値を上げていくために、もっとも簡単にすぐにできることは「住むところを変える」ことです。

なぜ住むところを変えることが、自分を高く売ることにつながるのでしょう?

あなたが社長の立場だとします。

重要な仕事、できれば仲間と膝をつき合わせて二人三脚でやりたい、そんな仕事が発生したとします。変化が早い時代です。能力はもちろんですが、何かあればすぐに動ける、フットワークが軽い人材にお願いしたい。

そこに2人の候補が現れました。

2人ともこのプロジェクトに適任。十分な能力を持ち合わせています。

ただし、住んでいるところが違います。

1人は職場に徒歩圏内。もう1人は職場から1時間。

どちらに仕事を任せるでしょう?

確実に前者のはずです。

仕事に関われる時間が多く、急な変化にも対応しやすいからです。

これはあなた自身にも大きなメリットがあります。

何しろ移動という無駄な時間がなく、イレギュラーな遅刻などもありません。職場と住まいは近ければ近いほどいい、これを「**職住接近**」と言います。

家賃がもったいない？　支払うものと得るものを考えてみてください。

・支払うもの……家賃

・得るもの……時間、経験、信頼

家賃とあなたの時間、経験、信頼を天秤にかけて、どちらのほうが大事ですか？

もしあなたに師匠と言える存在の人がいたら、師匠のすぐそばに住むといいでしょう。

そういう人はなおのこと応援したくなるし、教えたくなります。

私の師匠からもよく「10分以内に来られる人！」とメールが飛びます。「1時間後なら行けます！」なんて返信したら、絶対に相手にされません。

ちなみに成功しやすい物件の条件は、「狭くて」「安くて」「便のいい」ところです。

値段は安いほうがいいに決まっていますし、便が悪いよりもいいところのほうがいいのも確かです。

ではなぜ「狭く」なのか。

それは、帰りたくない家になるからです。

帰りたい家に住むと居心地がいいので動かなくなります。

家に引きこもっていても何も変化は生まれません。

あなたが成功していて相手からアポに来てくれるならまだしも、そうでないなら、居心地のいい家はマイナスです。

職住接近し、行動したくなる家に住みましょう。

自分を高く売る方法 30

「職住接近」かつ、狭くて安くて便のいいところに住む

最初は徹底的に「稼ぐ」ことにこだわる

「金は命より重いんだ！」

人気漫画『カイジ』シリーズに出てくる悪役、利根川の言葉です。

私は福本伸行先生の大ファンで、高校時代からずっと愛読させていただいています。

福本先生の漫画の多くはギャンブルを扱っているのですが、人間の本質や人生について考えさせられるものが多く、読めば読むほど奥深いものがあります。

さて、利根川の名台詞「金は命より重いんだ！」は、ブレイブメンロードという、命をかけた橋渡り（厳密にいうと鉄筋渡り）のシーンで、利根川から放たれる強烈な一言です。

社会で負け続け、借金を抱えて、ギリギリの綱渡りをしている若者たちに向けて、発せられます。

さて、問題はなぜこの若者たちは社会で負け組になってしまったのかです。

それは稼ぐことにこだわらず、目の前の快楽を追ってしまったからにほかなりません。

これは現実の人生でも一緒ですが、うまくいかない人に限って言うことが、「お金がすべてじゃない」「お金よりもやりがい」「お金って汚い」「お金を持つと人が変わる」です。

稼ぐことからの逃避です。

そもそも、稼がなくていいと思っている人は自己中心的です。

自分のことしか考えてない。

自分の生活だけでいいなら、月に10~20万円の収入もあれば十分可能です。

でも、もし家族を支えるなら、友人や社会の助けになりたいなら？

いくらあっても足りないはずです。

そして、自分の夢の実現にはお金がかかるのです。

たとえば、あなたの前に男性が2人現れます。

2人とも素敵で、あなたの好みのど真ん中。

どちらかを選ばなければならないときに、片方はお金持ちで、片方は貧乏だったら、どちらを選びますか？

普通は、お金持ちを選びます。

お金の魅力はもちろんですが、お金を稼いでいるということは、真面目に真剣に働いているという証でもあるからです。

はっきり言ってしまえば、才能が物言う世界でなければ、月収100万円くらいはやり方さえ押さえてしまえば誰でもいきます。

飲食店でも、インターネットビジネスでも何でもです。

それほど難しい数字ではありません。

しかし、そこから先に行くには、「人がついて行きたくなるリーダー」になる必要が出てくるわけです。

だから経営者の本のほとんどは、人間的な成長の大事さを一生懸命に書きます。

それはそうです。

だって自分のところの社員も読むわけですから。

綺麗事を書きたいし、そういうリーダーであるとアピールしたい。

ですが、実際にはどの成功者だって、最初は稼ぐことに一生懸命で、人としての在り方などはあとから考えているケースがほとんどです。

縦軸に成長、横軸に収入のグラフを書いたなら、まず収入のために一生懸命になり、壁にぶつかって自己成長に向かい、また改めて収入のために一生懸命になる。この繰り返しだと思ってください。

成功するプロセスは必ず「Be」→「Do」→「Have」です。

①Be……在り方や人間性、存在理由、目的

②Do……やり方

③Have……結果

たとえば、「宝くじでも当たらないかな」と言う人がいます。

思考はこうです。

宝くじに当たる（Have）→何か事業でも起こす（Do）→成功者の仲間入り（Be）

では本当にこの通りになるのでしょうか？

むしろ宝くじに当たった人のほとんどは破産してしまっています。

それはそうです。

イチローのバットを持てばヒットを量産できるわけではないように、お金を持てば成功できるわけではありません。

また「いい方法があれば成功できる」と言う人もいます。

たとえばコンビニを開業したらどうでしょう？

コンビニを開業（Do）→お金を稼げる（Have）→成功者の仲間入り（Be）

でもコンビニのなかには、成功しているコンビニもあれば、つぶれているコンビニもあります。立地が一緒でもうまくいっているコンビニもあれば、うまくいっていないコンビニだってあるのです。

コンビニが自分を成功者にしてくれるなら、コンビニエンスストアビジネスをしている人は全員が成功者になっています。

ちなみに私は学生時代、車があれば（Have）モテる、一人暮らしをすれば（Do）モテる、と本気で思っていましたが、やってみたらダメでした。

当たり前ですが、そういう問題ではなかったのです（振り返ってみると、カッコつけている分、余計にカッコ悪かった）。

モテる人は「何を持っている」とか、「何をしているか」の問題ではありません。

モテたかったら、モテる人になることのほうが大切なのです。

成功する人になる、そのためにはやはり成功している人と一緒にいるのが一番です。

成功している人が本当に大事にしていることが何かを知るためには、考えてばかりでなく、行動することのほうがずっと大事です。

私だって一人暮らしをすればモテると思って、一人暮らしをしてみたから、そういう問題じゃないことに気づけたわけです。

だからあなたも、「いまよりよくなりたい！」「月100万円稼ぎたい！」が、最初のがんばる理由で問題ありません。

月100万円稼ぎたい！
↓思ったほどうまくいかない
↓うまくいっている人との違いを埋めていく

このプロセスが大事です。

稼ぐことに本気になることが先、ということを覚えておいてください。

そしてお金を稼いで自由になってから、自由にやりましょう。

たとえば、狭い部屋にたくさんの荷物を持ち込むイメージをしてみてください。

どんなにいい家具でも、部屋がごちゃごちゃでは美しくありません。置いていて不自由だし、ストレスになります。

人生も一緒です。

限られたスペース（時間とお金）のなかに、いろいろものを詰め込もうとするから不自由なのです。スペース（時間とお金）を確保してから自由にやれば、いくらでも自由にいろいろなものを置くことができます。

自由にやることよりも、自由になることのほうが、ずっと大事なのです。

自分を高く売る方法 31

「Be」→「Do」→「Have」のプロセスで生きる

「知覚動考《ちかくどうこう》」の通りに行動する

「知覚動考」という言葉をご存じですか？

成果をつくるプロセスは、必ずこの言葉の通りになっています。

- **知……まずは知識をつける**
- **覚……知ったことを覚える**
- **動……行動する**
- **考……行動した結果から改善策を考える**

さて、ここでうまくいかない人の行動パターンもお伝えしておきます。

それは、「知覚考動」です。「動」と「考」が逆になります。

要は失敗しないように、考えてばかりいるのです。

行動しないで考えてばかりいるから答えなんて出ないし、アドバイスのしようもありません。野球をやっていてバットも振らずに、どうやったらヒットが打てますか？　と聞かれても答えようもありません。「最初はとにかく振れ！」と言うしかない。

自転車に乗っても、乗る前に乗り方を一生懸命考えてもしょうがないし、車だって運転しないと運転はうまくなりません。

最低限必要なことを覚えたら行動するのが先。下手の考え休むに似たりというやつです。下手な人がどんなに考えたって答えなんて出てこないのです。はっきり言って考える時間が無駄です。

知覚動考を文字通り「ともかく動こう」と読む人もいます。

最初は考えずにともかく動いたらいいのです。

ユニクロの柳井正さんが「一勝九敗」と言っていますが、仕事でもなんでも一勝九敗でいいのです。学校のテストは失敗するとマイナスがありますが、社会に出ると、そもそも何もしなければ0点。あとは加点方式でいくらでも積み上げていくだけ。野球は三振でアウトでも、人生は何回空振りしても最後にうまくいけばＯＫなゲームです。

理に適ったことをしたい、失敗したくない、確実な道を歩きたい、それは誰にでもあることですが、成功する人のほとんどは理に適ったことはしていないものです。

「普通に考えたらこうでしょ」と言う人がいますが、普通に考えているから得られる結果も普通なのです。

普通の人は保証を求めます。

保証のある確実なやり方、失敗しない方法を好みます。

そして自分の知っている範囲内で行動します。だから代わりに可能性を失っています。

逆に成功していく人は可能性を求めます。

理に適っていない、まだ確立されていない道かもしれません。

もしくは、自分が知らない方法でうまくいっている人の言うことを信じて行動します。

保証がない代わりに、挑戦したという経験そのものが大きな自分の自信になるはずです。

可能性を求めることで自信や成長を得られるわけです。

自分を高く売っていくために、まずあなた自身が勝てる人になることです。

自己成長させ、どこにいっても通用する自分になること。

自信にあふれたビジネスパーソンになることです。

とくに若いうちにした失敗など、歳をとれば単なる笑い話で、それがあなたの魅力になります。失敗が許されるうちに大いに失敗して、経験という貴重な糧にしていきましょう。

失敗から学べばいいだけ、ともかく動きましょう。

最後に、私の大好きな、活を入れられる『カイジ』の悪役・利根川の伝説的スピーチがあります。とくに実写版映画「カイジ」の香川照之さん演じる利根川は迫真です。甘えそうになったら、自分に言って聞かせてあげてください。

きっとがんばろうと思うはず？

〜〜〜〜利根川伝説のスピーチ〜〜〜〜

Ｆｕｃｋ ｙｏｕ！
ぶち殺すぞ！　この野郎！
質問すれば返ってくるのが当たり前か!?　あぁ!?
お前たちは皆まるで幼児のように、この世を自分中心に、
求めればまわりが右往左往して世話を焼いてくれる、
臆面もなく、まだそんなふうに考えていやがる。
甘えるな！　世間はお前らのお母さんではない！
お前らはシャバで甘えに甘え、負けに負けてここにいる折り紙つきのクズだ。

自分を高く売る方法 32

勝つことに、こだわれ！

クズには元来権利など何もない。
船の中でも外でもだ。
それはお前らが負け続けてきたからだ。
ほかに理由は一切ない。
お前らがいまなすべきことは、ただ勝つこと！　勝つことだ！
勝ったらいいな、じゃない、勝たなきゃダメなんだ！
勝ちもせずに生きようとすることが、そもそも論外なんだ。
今宵はクズを集めた最終戦。
ここでまた負けるようなやつ、そんなやつの運命などオレはもう知らん、
本当に知らん、そんなやつはもうどうでもいい。
勝つことがすべてだ！　勝たなきゃ……ゴミだ！

Epilogue

「本当の自分はもっとできるはずだ」と思っているすべての人へ

いまから10年後の自分を想像してみてください。

あなたはどんな人になっていますか?

どんな結果をつくっていますか?

具体的に想像できる人、まだ具体的に想像はできない人、あなたはどちらでしょう?

どちらであれ、10年後の自分は、いまよりもよくなっているはず。

もしくは、よくなっていてほしい、と期待しているはずです。

逆に10年前のあなたに、いまのあなたなら、なんて声をかけますか?

「お前ならもっとできる」

「なんでも挑戦してみろ」

「いまがんばれば将来もっとよくなるぞ」

と声をかけるかもしれません。

あなたに一番の期待をしている人は、いったい誰でしょうか？

親ですか？　友人ですか？　会社の先輩や学校の先生？

いいえ、違います。

あなたに一番期待をしている人は、あなた自身です。

10年前のあなたは、いまのあなたに期待していたはず。

そして10年後のあなたも、いまのあなたならもっとできるはずだと期待しています。

「お前ならもっとできる」

いや、いまの自分でさえ、思っているはずです。

「本当の自分はもっとできるはず」

もしそう思うなら、それがあなたの可能性だということです。

「本当のあなたはもっとできる」

ではなぜ、本当はもっとできると、あなたは知っているのでしょう？

神様の存在はわかりませんが、私はこの話を心から信じています。

人は亡くなると神様のもとに行き、こう聞かれるそうです。


「この人生どうだった？」

あなたはなんて答えるのでしょう。

「もっとできたのに！」

「なぜチャンスをくれなかったんですか！」

「本当はもっと素晴らしい人生になるはずだったのに……」

すると、神様はあなたを主人公にした1本の映画を見せてくれます。

「もしお前が本気で毎日を生きていたら、どうなっていたかの映画だよ」

そこには素晴らしい仲間に囲まれ、欲しいもの、やりたいこと、理想の自分を手にいれたあなたがいます。

もっとやっておけばよかった……。

なぜ、自分でチャンスをつぶしてしまっていたんだろう……。

「もしお前がもう一度やり直したいと思うなら、チャンスをやってもいいが……」

「ぜひお願いします！　もう一度挑戦させてください！」

「わかった、その代わりこの記憶は消させてもらうよ」

……と言って、「いま」なのだそうです。


あなたはじつは、理想の人生をもう見ている。

だから思うのです。

「本当の自分はもっとできるはずだ」と。


大丈夫。自分を高く売れるようになったあなたなら、できます。

くじけそうになったら、この言葉を思い出してください。

「セルフバーゲン即刻禁止！」


あなたが主人公の映画は、もうはじまっています。

【最後に】

「なぜ岡崎さんは、10年でそこまで成功されたのですか？」

講演会後に一番聞かれる質問です。

思えば10年前、どこにでもいるサラリーマンだった私が、いまや会社を3社経営し、本まで出版するようになったことは、自分でも信じられないような奇跡のように感じます。まさか10年後、こんなことになるなんて、思ってもいませんでした。

本編には書いていませんが、最後まで読んでくださったあなたにだけ、その秘訣を特別にプレゼントします。

それは、「ご縁を大事にしてきたこと」と「何にでも挑戦してきたこと」の2つです。

今回の出版も、作家の永松茂久先生と、きずな出版の小寺裕樹編集長のお力添えがなければ、決して実現することはありませんでした。

きっかけは私の師匠の、「全国・講師オーディションに出てみては?」のひと言から。

さまざまな方の応援で、決勝まで残ることができ、そこで永松先生と出会うという奇跡。

「何にでも挑戦する」という姿勢がなければ、決してなかったことだと思います。

さらには永松先生からは、「岡崎さん、本を出してみたら?」と言われ、やったことはなくても「ぜひお願いします!」と答えたこと。

そこから小寺編集長とのご縁をいただきました。


ここであなたに知ってほしいことは、「チャンスは必ず人が運んでくる」ということです。

あなたのまわりにあるちょっとした縁が、必ずどこかでチャンスを運んできます。

ご縁を大事にし、良縁からのチャンスは、たとえ自分には難しいと思っても、まずやってみることです。

なぜなら、あなたにできることしか、あなたに話は来ないからです。

考えてみてください。「大統領になってみませんか?」なんて話は、普通の人には絶対に来ませんが、「この仕事やってみないか？」なら、いくらだって来るのです。

理由は簡単です。頼むほうもできる人かどうかを見ているから。

だからあなたのもとに来るチャンスは、必ずあなたならできることなのです。

いまの私があるのも、すべては良縁から来るチャンスに、ひとつずつ挑戦してきたからにほかなりません。


だから最後に感謝を伝えさせてください。

今回のチャンスをくださった永松先生、小寺編集長、本当にありがとうございます。

そして、私をここまで育ててくださった尊敬する師匠と兄弟弟子の皆さま、本当にありがとうございます。独りでここまで来ることは、決してできませんでした。


そして何より、この本を手に取り、最後まで読んでくださったあなたへ。

本当にありがとうございました。

岡崎かつひろ

【主な参考文献】

『「原因」と「結果」の法則』ジェームズ・アレン 著／坂本貢一 訳（サンマーク出版）
『モチベーション3・0』ダニエル・ピンク 著／大前研一 訳（講談社）
『ワーク・シフト』リンダ・グラットン 著／池村千秋 訳（プレジデント社）
『バカなのにできるやつ、賢いのにできないやつ』千田琢哉 著（ＰＨＰ研究所）
『3分以内に話はまとめなさい』高井伸夫 著（かんき出版）
『営業の魔法』中村信仁 著（ビーコミュニケーションズ）
『心の壁の壊し方』永松茂久 著（きずな出版）
『ＷＨＹから始めよ！』サイモン・シネック 著／栗木さつき 訳（日本経済新聞出版社）
『非常識な成功法則』神田昌典 著（フォレスト出版）
『賭博黙示録カイジ』福本伸行 著（講談社）

著者プロフィール

岡崎かつひろ（おかざき・かつひろ）

株式会社DW代表取締役、他2社を有する経営者。

ビジネストレーニング事業、業務コンサルティング、小売店支援、飲食店経営、飲食店コンサルティング、旅行事業、会議室事業など多岐に展開する。

埼玉県坂戸市生まれ。ソフトバンクBB株式会社入社後、4年で独立。

飲食店事業において、スタンディングバー「SHINBASHI」は連日大行列となり、各種メディアに取り上げられる。

有限会社志縁塾が主催する日本最大級の講師イベント「全国・講師オーディション2015」の決勝にも残り、口コミから始めた講演会は、いまでは毎回400名以上も集まる。累積動員人数では10万人を超える。

「すべての人の最大限の可能性に貢献すること」を企業理念に精力的に活動する。

業種を問わず、どこにいっても通用する一流のビジネスパーソンの育成をテーマに、パーソナルモチベーターとしても活躍。

多くの若者のメンターでもある注目の起業家である。

本書が著者としてデビュー作となる。

著者公式ホームページ：http://okazaki-katsuhiro.info/

自分を安売りするのは“いますぐ”やめなさい。

2017年12月25日　第1刷発行
2018年 1 月25日　第5刷発行

著　者　　岡崎かつひろ

発行者　　櫻井秀勲
発行所　　きずな出版
東京都新宿区白銀町1-13　〒162-0816
電話03-3260-0391　振替00160-2-633551
http://www.kizuna-pub.jp/

印刷・製本　モノモト印刷

ISBN978-4-86663-019-9

きずな出版